HANS-ALBERT GENTNER (Hg.)

Auf Luthers Spuren unterwegs

Eine Reise durch Deutschland,
die Schweiz und Italien

V&R

VANDENHOECK & RUPRECHT
IN GÖTTINGEN

BENSHEIMER HEFTE
Herausgegeben vom Evangelischen Bund
Heft 110

Bibliografische Information der Deutschen Nationalbibliothek

Die Deutsche Nationalbibliothek verzeichnet diese Publikation in der
deutschen Nationalbibliographie; detaillierte bibliografische Daten sind im
Internet unter http://dnb.d-nb.de abrufbar.

© 2010, Vandenhoeck & Ruprecht in Göttingen
Titelfoto: Martin Luther auf der Scala Santa in Rom
© NFP/Foto Rolf von der Heydt aus dem Film „Luther".
Herstellung: Ph. Reinheimer GmbH, Darmstadt
ISSN-Nr. 0522-9014
ISBN 978-3-525-87200-0

INHALT

32 farbige Bildseiten mit Fotos von Hans-Albert Genthe

VORWORT

Pilgern liegt im Trend. Sehr viele Menschen sind in Bewegung und auf der Suche. Zu den alten Wegen sind neue Pilgerwege in ganz Deutschland dazugekommen. Und das Pilgern hat sich verändert. Die modernen Pilger haben sich davon freigemacht, dass eine Pilgerreise in früheren Zeiten nichts anderes als eine Wallfahrt war, um an den Ort eines Heiligen zu gelangen, diesen zu verehren, anzubeten und Heilung, Vergebung oder Sündenablass zu erlangen. Dennoch ist das neue Pilgern eine geistliche Suche.

„Wer weiß denn schon, dass wir Evangelischen eigene Wege haben?" sagte vor einiger Zeit mein Vater, Hans Jochen Genthe, Lutherkenner, Bibelwissenschaftler und Übersetzer. Und er dachte dabei an Martin Luthers frühe Romreise 1510/11, von der sich der junge Mönch sein Seelenheil erhofft hatte und wie dem späteren Reformator diese Reise zur genauen Anschauung dessen wurde, was er überwinden wollte. Bei der Erforschung der Reiseroute zog mein Vater viele Verbindungslinien zu den Personen und Ereignissen der Reformationsgeschichte. Und dann haben wir uns auch tatsächlich auf den Weg gemacht und diese Reise auf Luthers Spuren unternommen, fotografiert, notiert und unterwegs manches ergänzt.

Dieses Reise- und Lesebuch reiht sich nicht in die anwachsende Pilgerliteratur ein, sondern grenzt sich gerade ab vom modischen „mal weg sein". Man muss nicht evangelisch sein, um diesen Weg zu gehen, denn die evangelischen Spuren, die man hier mitgehen kann, sind auch ökumenisch und zeitgeschichtlich interessant. Sie führen in die Reformationsgeschichte und in den Anbruch eines neuen Zeitalters. Der Romreisende bekommt neue Anregungen für seinen Weg und der evangelisch Interessierte erhält hier die Möglichkeit auf evangelischen Spuren unterwegs zu sein und sich die Reformationszeit mit ungewöhnlichen Mitteln zu erschließen.

Zusammen mit einem anderen Ordensbruder ist Martin Luther 1510 von den Augustiner-Eremiten zum Generaloberen nach Rom geschickt worden, um sich für die Sache des Reformzweiges der Observanten gegen die Vereinigung mit den konservativen Konventualen einzusetzen. Sein persönlich größter Gewinn war es, in Rom die Generalbeichte abzulegen und möglichst viel Ablass zu gewinnen. Der Dienstauftrag war ohne Erfolg und der persönliche Nutzen wurde im späteren Rückblick vom Entsetzen über die gottlosen Verhältnisse des spätmittelalterlichen Roms überschattet. Was für den frommen Mönch auch als eine Pilgerreise begann, wurde im Rückblick zur kritischen Auseinandersetzung mit Reliquien, Heiligenverehrung und der kirchlichen Obrigkeit.

Wer heute Martin Luthers Weg nachgeht, kann deshalb nicht pilgern, sucht kein frommes Ziel der Anbetung, sondern wird in evangelischer Nüchternheit den protestantischen Wandlungen des späteren Reformators folgen. Über den genauen Weg der langen Wanderung wissen wir nur sehr wenig, dafür hat Luther über das, was er in Rom erlebt hat, öfter gesprochen. Einige Stationen sind überliefert, andere ergeben sich aus den damaligen Handelswegen.

Kürzer gefasst hat Dr. Hans Jochen Genthe diesen Weg bereits in seiner Lutherbiographie (Bensheimer Hefte 77) beschrieben. Jetzt hat er Luthers Weg und seine Stationen noch einmal aus dessen Tischreden und anderen Schriften erweitert und nimmt den Leser mit an die Orte und Stationen von Luthers Weg nach Rom und zurück. Sechs weitere Autoren schreiben über den „katholischen und den evangelischen Luther", über Ablass und Wallfahrten, Klöster und Orden, über alte Reisewege und neue Lutherwege.

Wer mit diesem Lesebuch in der Hand mit Luther evangelisch unterwegs ist, lernt Klöster, Kirchen und Orte des spätmittelalterlichen Deutschlands, der Schweiz, Italiens und Österreichs kennen. Und er lernt ein Rom kennen, das mit dem heutigen nur wenig zu tun hat: die antiken Tempel lagen damals noch unter dem Schutt der Geschichte, Michelangelos Kunstwerke waren noch nicht geschaffen, der Petersdom noch nicht gebaut und die Stadt war eher unbedeutend und verlottert. Wer das heutige Rom besser verstehen will, dem hilft Luthers Blick auf das damalige Machtzentrum der Kirche und er wird auch ein evangelisches Rom finden.

Eschborn im September 2010
Hans-Albert Genthe

AUF LUTHERS SPUREN UNTERWEGS

Hans Jochen Genthe

Am Septimer

Zwei Mönche im schwarzen Habit der Augustiner-Eremiten stehen am Scheideweg. Es ist ein kalter Tag in diesem besonders harten Winter Anfang Dezember 1510. Einer der beiden, der Pater Martinus Luder, der sich zwei Jahre später „Luther" schreibt, gehört zum Konvent der Erfurter Augustiner. Wer der andere Mönch war, wissen wir nicht. Vielleicht kam er wie Luther aus Erfurt, vielleicht auch aus Nürnberg. Beide hatten schon einen wochenlangen Weg hinter sich. Von Erfurt waren die beiden über Suhl, dann nach Coburg und Bamberg und weiter nach Nürnberg zu Fuß gelaufen. Das war die Straße, die nach Süden führt.

Dort, jetzt noch ganz fern, liegt ihr Ziel: Rom. Dorthin, wo der Papst residiert, führt sie ihr Auftrag. Doch die Hälfte des Weges zur heiligen Stadt liegt noch vor ihnen. Die gewaltigen Bergmassive erscheinen ihnen bedrohlich. Die Schönheit der Berge, von denen der moderne Mensch seit Jahrhunderten begeistert ist und alle, die die Alpen bereisen oder durchwandern, beeindruckt die beiden Mönche offensichtlich nicht. Darin sind sie noch ganz mittelalterliche Menschen. Auch die Wegeverhältnisse waren in jener Zeit sehr behelfsmäßig und gefährlich .

Der Anlass für die lange Reise ist ein Streit im Orden. Der hatte sich in zwei Richtungen entzweit. In einem Teil der Klöster wurden Reformen durchgeführt, welche die alte, strenge Ordnung wieder herstellten. Das waren die Observanten. Die anderen, die diesen Weg nicht mitgingen, nannte man die Konventualen. Die deutschen Reformklöster hatten sich 1422 zusammengeschlossen und unterstanden direkt dem Generaloberen in Rom, der durch einen Generalvikar vertreten wurde. In dieses Amt hatte das 1503 in Eschwege tagende Generalkapitel der Observanten den sächsischen Adeligen Johann von Staupitz gewählt. Er und auch der Generalobere in Rom, Egidio von Viterbo, wollten die beiden Zweige des Ordens zusammenführen. Man nannte das die Aggregation.

Aber sieben der 29 observanten Augustinerklöster waren dagegen. Wortführer des Widerspruchs waren die Erfurter und die Nürnberger, beide allerdings aus verschiedenen Gründen, aber mit der gleichen Absicht. Johann von Staupitz war im Frühjahr 1510 nach Rom gereist, um mit dem General einen Weg zu finden, der auch die widerspenstigen Observanten zufrieden stellen könnte. Nun blieb Staupitz Generalvikar der Observanten, wurde aber zugleich Provinzial aller Augustinerklöster in der sächsisch-thüringischen Ordensprovinz. Diese Lösung genügte aber den sieben rebellischen observanten Konventen nicht.

Martin Luther wurde deshalb mit einem seiner Erfurter Brüder im Frühherbst 1510 zur erzbischöflichen Residenz nach Halle geschickt, um den Erzbischof von Magdeburg zu bewegen, sich im Sinne der protestierenden Konvente in den Streit einzumischen. Aber der Dompropst Adolf von Anhalt, zu dem sie vorgelassen wurden, winkte ab, der Erzbischof wollte sich mit dieser ärgerlichen Sache nicht befassen. So kamen die sieben „Widerspenstigen" überein, sich mit einer Eingabe an den Papst zu wenden. Dazu musste der Generalobere in Rom seine Genehmigung erteilen. Es war aber ein gewagtes Unterfangen, sich gegen die Konstitutionen des Ordens hinter dem Rücken des Generalvikars unmittelbar an den General zu wenden. Dennoch wagte man diesen Verstoß gegen die Konstitutionen und entsandte zwei Brüder nach Rom. Einer von diesen war Martin Luther, der ja schon in der gleichen Sache, wenn auch vergeblich, in Halle tätig gewesen war.

Augustinermönche auf Reisen mussten den Weg zu Fuß zurücklegen, und keiner durfte allein gehen. Es mussten mindestens zwei Reisende sein. Die beiden durften nicht nebeneinander, sondern mussten durch einen größeren Abstand getrennt hintereinander gehen. Diese Vorschrift sollte dazu dienen, dass die beiden unterwegs nicht miteinander sprechen konnten, denn das Schweigen gehörte zu den mönchischen Tugenden. Auch im Kloster gab es Zeiten und Räume, in denen nicht gesprochen werden durfte.

Auf den Straßen, auf welchen die beiden dahinziehen, herrscht lebhafter Betrieb. Da sind die Fuhrwerke der Kaufleute und solcher Reisender, die es sich leisten können, nicht zu Fuß gehen zu müssen. Natürlich sind auch Reiter unterwegs Es gibt aber auch die wandernden Handwerksgesellen und viel fahrendes Volk, Musikanten, Quacksalber und Landsknechte, Pilger und Hausierer, Gaukler und Bettler. Schweigend schreiten die Mönche durch den herbstlichen Regen auf schlammigen, unbefestigten Wegen in dieser bunten Menge.

So geht es durch den Thüringer Wald bis nach Coburg. Zwanzig Jahre später wird Martin Luther dort auf der Veste bleiben müssen, während die Wittenberger Theologen und Juristen in Augsburg das grundlegende Bekenntnis der lutherischen Reformation dem Kaiser übergeben und mit der gegnerischen Seite verhandeln. Martin Luther konnte nicht ahnen, dass er später fast ein halbes Jahr auf der Veste, „in der Einöde" wird zubringen müssen. Auf dem Weg nach Rom war er noch der gehorsame Mönch, der seiner Kirche, dem Papst und allen Einrichtungen, die dem Heil dienen sollen, ergeben war. Er wollte auch nicht, dass die strenge Zucht der observanten Klöster durch die Aggregation verwässert wird.

Öfter hat sich Luther später in Gesprächen, Predigten und Vorlesungen über seine Erlebnisse und Erfahrungen geäußert, die er während dieser Reise gemacht hatte, doch den ordenspolitischen Anlass hat er nur einmal erwähnt. Der altmärkische Reformator Conrad Cordatus hat 1537 in seinem Tagebuch die Bemerkung Martin Luthers notiert, er sei nach Rom gegangen wegen eines Streites mit Staupitz.

Der ganz persönliche Wunsch des jungen Luther ist es, in der heiligen Stadt Rom von den reichen Gnadengaben so viele wie möglich zu erlangen, die es dort zu erwerben gibt. Er will eine Generalbeichte ablegen, die in Rom besonders segensreich sein solle. Außerdem möchte er die unzähligen Möglichkeiten nutzen, für sich und seine Verwandten Ablass zu gewinnen. Für ihn war es also eine Wallfahrt. Neun Jahre später schreibt er „An den christlichen Adel deutscher Nation von des christlichen Standes Besserung": „Wallfahrten sind ein Zeichen großen Umglaubens im Volk." Denn der Glaube wird nicht gewonnen oder gestärkt durch den Besuch heiliger Stätten, sondern durch das Wort Gottes, und das kann jeder in seiner Heimatkirche hören. Sehen wir uns einmal an, welchen Weg die beiden schon zurückgelegt hatten, bis sie an jenen Scheideweg gelangen.

Nürnberg

Über Bamberg waren die beiden Augustiner nach Nürnberg gelangt. Es gibt keine Bemerkungen Luthers über das, was ihm auf dem Weg von Erfurt nach Nürnberg begegnet ist. Den Weg, den er bis dorthin zurückgelegt hat, kann man nur dadurch erschließen, dass dies die Straße war, welche diese beiden Städte miteinander verband. Über Nürnberg wusste er aber später mancherlei zu erzählen.

Als die beiden Wanderer von Norden kommend das Tiergärtnertor passieren, sehen sie die eindrucksvolle, von einer breit angelegten Burg gekrönte Reichsstadt. Welchen Anblick sie ihnen bot, kann man an der Abbildung Nürnbergs in der Schedelschen Weltchronik sehen. Luther fand, wie er später einmal bemerkte, sie sei „eine sehr reiche Stadt, bestens gelegen, aber nicht gut befestigt." Sie liege in einem dürren Lande, werde aber gut regiert. Im Gegensatz dazu liege Erfurt in einem guten Land, habe aber ein schlechtes Regiment. Es hatte ja kurz zuvor, als er noch vorübergehend in Wittenberg gewesen war, das „tolle Jahr" in Erfurt gegeben, das mit der Hinrichtung des Obervierherrn Heinrich Kelner seinen Höhepunkt, aber noch nicht sein Ende erreicht hatte. Die gewalttätigen Auseinandersetzungen hielten an.

Das hat Martin Luther später mit dem Satz kommentiert: „Je besser landt, je vnartiger volk." Für Erfurt, „dieser Höhle grausamer und höchst undankbarer Tiere", hatte er einen kritischen Blick. In Nürnberg sah er also das Gegenteil dessen, was er aus Erfurt kannte. Er meinte auch, Nürnberg sei halb so groß wie Erfurt. Darin irrte er. Man schätzt, dass Nürnberg damals rund 30 000 Einwohner hatte, Erfurt hingegen nur 20 000. Nürnberg, Augsburg und Köln waren damals die drei größten Städte im Reich.

In der Stadt angekommen, führt der Weg der beiden Ordensleute selbstverständlich zum Kloster der Augustiner-Eremiten, nicht nur, weil sie dort zu übernachten haben, sondern auch deshalb, weil es einiges über die Sendung nach Rom zu besprechen gibt. Denn Nürnberg und Erfurt sind die lautesten Rufer im Streit gegen die Aggregation gewesen. Und der Grund, der dazu geführt hatte, dass die Nürnberger Augustiner die Aggregation ablehnten, war ganz weltlicher Art. Bisher unterstanden die observanten Klöster dem Generalvikar.

Im Falle einer Aggregation würden sie, wie die Konventualen schon jetzt, in eine der Ordensprovinzen eingegliedert werden und einem Provinzial unterstehen. Das hieß aber im Falle von Nürnberg, dass sie dann zur bayerischen Provinz gehören würden. Wie alle bayerischen Reichsstädte fürchtete auch Nürnberg nicht ohne Grund, eines Tages vom Herzogtum Bayern geschluckt zu werden. Deshalb wehrte sich der Rat der Stadt gegen alles, was ihn mit Bayern in Verbindung bringen könnte, und sei es nur die Zugehörigkeit eines Bettelordens-Klosters zur bayerischen Ordensprovinz. Der Rat setzte die Augustiner massiv unter Druck, indem er ihnen die Wasserzufuhr so lange sperrte, bis sie sich aus lauter Durst gegen die Aggregation stellten. Das taten sie auch, ja sie standen dabei sogar in vorderster Front.

Vom Nürnberger Augustinerkloster ist heute nichts mehr vorhanden. Nur der Name der Augustinerstraße erinnert an das einst sehr bedeutende Kloster. Es war der Treffpunkt der Humanisten. Hier hatten schon früher der Mathematiker und Astronom Regiomontanus und der Arzt Hermann Schedel, Verfasser der berühmten Weltchronik, verkehrt. Später hat sich Johann Staupitz längere Zeit im Kloster aufgehalten. Zu den dort verkehrenden Humanisten gehörten Willibald Pirckheimer und der Ratskonsulent Christoph Scheurl sowie der Vorderste Ratsschreiber Lazarus Spengler. Damals schlossen sich diese Humanisten zur Sodalitas Staupitziana zusammen, die im Augustinerkloster tagte.

Der spätere Prior Wolfgang Volprecht gehörte dann zu den Reformatoren Nürnbergs. Zu Ostern 1523 feierte er das Abendmahl in beiderlei Gestalt mit Brot und Wein. Gut ein Jahr danach gebrauchte er im Gottesdienst die deutsche Sprache, und im März 1525 nahm er an dem Religionsgespräch teil, das zur Einführung der Reformation in Nürnberg führte. Sein Kloster übergab er der Stadt. Zum Nürnberger Konvent der Augustiner-Eremiten hatte auch seit 1517 Wenzeslaus Linck gehört, ein Anhänger Martin Luthers, der 1520 die Nachfolge des zurückgetretenen Johann von Staupitz als Generalvikar der observanten Augustiner-Eremiten antrat.

Ein anderer Nürnberger Augustiner war Andreas Osiander, der im Kloster das Hebräische unterrichtete. Durch seine Beschäftigung mit Luthers Schriften wurde er dessen Anhänger und förderte die Reformation als Prediger an St. Lorenz. Er veröffentlichte Kopernikus' Schrift „Über die Bewegungen der Himmelskörper" und verteidigte die Juden gegen den Vorwurf des Ritualmordes. Er polemisierte gegen Zwingli und gegen die in Nürnberg aktiven Taufgesinnten. Die von Osiander entworfene Nürnberger Kirchenordnung erregte allerdings einigen Widerspruch, vor allem durch Lazarus Spengler. Hinzu kamen weitere Streitfragen wie die über die allgemeinen Kirchenbeichte. Als der Rat der Stadt gegen Spenglers Einspruch das Augsburger Interim annahm, das den Evangelischen nach dem verlorenen Schmalkaldischen Krieg 1548 aufgenötigt wurde, verließ er Nürnberg und ging zu Herzog Albrecht nach Königsberg in Preußen.

Die Stellung der Sodalitas Staupitziana zur Reformation war nicht eindeutig. Pirckheimer hatte sich anfangs für sie eingesetzt, war sogar namentlich in der Bannandrohungsbulle gegen Luther aufgeführt, hatte sich aber dann, wie manch anderer Humanist, zurückgezogen, einerseits wohl deshalb, weil er dem Gerede vertraute, Martin Luther sei der Urheber des Bauernkrieges, andererseits aus ganz familiären Gründen, denn er sah das Klarissenkloster, zu dessen Konvent seine Schwester Caritas gehörte, nach dem Religionsgespräch in seinem Bestand gefährdet. Es bekam einen evangelischen Prediger. Caritas, leistete gegen diese „schleichende" Einführung der Reformation heftigen Widerstand. Melanchthon konnte, als er 1526 zur Gründung des Gymnasiums nach Nürnberg kam, den Streit zwar schlichten, aber das Kloster durfte keine Novizinnen mehr aufnehmen, und Willibald Pirckheimer blieb bei seinem Bruch mit der Reformation. Dessen Haus steht nicht mehr, aber sein Arbeitszimmer kann man besichtigen, und zwar auf der Wartburg in der Nachbarschaft der dortigen Lutherstube.

Christoph Scheurl stand zwar der Reformation persönlich wohlwollend gegenüber, wollte aber nicht öffentlich Partei für sie ergreifen und sich für sie einsetzen. Lazarus Spengler gehörte zu den entschiedenen Anhängern der Reformation in Nürnberg. Er wurde vom Papst gebannt, nahm aber trotzdem am Wormser Reichstag von 1521 teil. Der Bann gegen ihn wurde bald danach aufgehoben. Von Spengler stammt der Choral „Durch Adams Fall ist ganz verderbt". Recht hölzern-dogmatisch hört er sich an und er steht auch nicht mehr im jetzigen Evangelischen Gesangbuch.

Ein bedeutender Anhänger Luthers in Nürnberg sollte später Hans Sachs werden. Dieser Schuhmachermeister mit lateinischer Schulbildung hat nicht nur Luthers Lehre klar erfasst, sondern sie in Flugschriften unter das Volk gebracht. Albrecht Dürer, dessen Haus unterhalb der Burg steht, hing auch Martin Luther an. Berühmt ist seine Klage über Luthers vermeintlichen Tod 1521. Eine persönliche Begegnung Luthers mit Hans Sachs und Albrecht Dürer hat offensichtlich nie stattgefunden. Dürers Klage geschah aber erst mehr als zehn Jahre nach Luthers ersten Besuch in dieser freien Reichsstadt, erst nachdem er mit seinen neuen Einsichten in die Öffentlichkeit getreten war. Davon aber war er 1510 noch weit entfernt. Noch erwartete der reisende Mönch von den Gnadenmitteln, die ihm die damalige Kirche bot, die Überwindung seiner Anfechtungen.

Martin Luther ist beinahe genau acht Jahre später noch zweimal in Nürnberg gewesen, zunächst auf der Reise zum Augsburger Reichstag, wo er von Kardinal Cajetan verhört wurde. Am 5. Oktober 1518 schloss sich in Nürnberg Wenzeslaus Linck Luther an. Da Luther nach dem Verhör durch Cajetan die Verhaftung drohte, floh er Hals über Kopf hoch zu Ross in seiner Kutte, ohne Sporen und Steigbügel nach Wittenberg und kam wieder durch Nürnberg, wo er bei Pirckheimer gastliche Aufnahme fand, aber in der Stadt hat er sich kaum umsehen können. Der Anblick dieses berittenen Mönchs wäre für die Nürnberger recht unterhaltsam gewesen.

Was er in Nürnberg gesehen hat, geht also wohl auf seinen Besuch im Jahre 1510 zurück. So bestaunte er eine riesengroße Pfanne, die er in Nürnberg gesehen hatte. Er stand auf dem Marktplatz vor der Frauenkirche. Marktfrauen priesen schreiend ihre Ware, Hühner gackerten, aber er bestaunte die kunstvolle Uhr an dem schlanken Turm der Kirche. Sie war erst ein Jahr vor Luthers Aufenthalt fertig gestellt worden. Die Uhr zeigt die Mondphasen an, aber ihr besonderer Reiz ist das „Männleinlaufen" unterhalb des Ziffernblattes, das an den Erlass der Goldenen Bulle durch Kaiser Karl IV. im Jahr 1356 erinnert. Es zeigt den thronenden Kaiser, um den herum die sieben Kurfürsten, die „Männlein", täglich mittags um zwölf dreimal laufen und sich vor ihm verneigen, worauf der Kaiser grüßend sein Zepter senkt. An den Seiten stehen Musikanten und Türken.

Nürnberg war auch oft der Schauplatz von Reichstagen weil in der Stadt die kaiserliche Burg stand, wo sich der Reichstag versammeln konnte. Auch für die Reformationsgeschichte wichtige Reichstage haben hier stattgefunden. Auf dem Reichstag von 1522 trat der päpstliche Legat Chieregati mit der Forderung auf, die lutherische Ketzerei zu bekämpfen. Papst war damals der asketische und gebildete Hadrian VI., einst Lehrer des späteren Kaisers Karl V., für Jahrhunderte der letzte Nichtitaliener auf dem Stuhle Petri. In seiner bescheidenen Lebensführung unterschied er sich wohltuend von seinen Vorgängern und Nachfolgern. Seine Instruktion für den Legaten enthielt nicht nur die Forderung, die Ketzerei zu bekämpfen, sondern auch ein ausführliches Bekenntnis der Missbräuche, die in der Kirche herrschten. Zum ersten Mal beschloss ein anderer Reichstag in Nürnberg die Duldung der Evangelischen im Reich. Dieser „Nürnberger Anstand" von 1532 galt allerdings nur für ein Jahr. Denn nach einem Jahr sollte ein Konzil zusammentreten, das die Konfessionsfrage lösen sollte. Dazu ist es aber nicht gekommen.

Weiter nehmen die beiden Augustiner den Nürnberger Handelsweg nach Süden. Dieser Weg bot sich an, denn Nürnberger Kaufleute unterhielten Handelsbeziehungen zur Lombardei, besonders zu Mailand. Auf dem Weg dorthin bewegten sich nicht nur die Boten der Handelshäuser, sondern auch die Fuhrwerke mit Waren aller Art. Hier also wandern Martin Luther und sein Begleiter über die Reichsstädte Weißenburg und Donauwörth, wo sie die Donau überqueren müssen, nach Augsburg, einer Stadt, die sich nicht nur in politischer und wirtschaftlicher Hinsicht mit Nürnberg messen konnte, sondern die ebenfalls für die Reformation eine mindestens ebenso große Bedeutung erlangen sollte.

Augsburg

Drei Tage sind Pater Martinus und sein Ordensbruder von Nürnberg unterwegs bis sie die freie Reichsstadt Augsburg erreichen. Über diesen Aufenthalt dort hat Martin Luther nichts erzählt, wohl aber über seinen Besuch in Augsburg auf dem Rückweg, worüber noch zu berichten sein wird. Wie Nürnberg, so war auch Augsburg eine wichtige Handelsmetropole. Sie wird damals etwa 40 000 Einwohner gehabt haben, war also erheblich größer als Nürnberg. Den eindrucksvollen Bau des Rathauses, den die heutigen Besucher bewundern können, gab es damals noch nicht. Daneben steht die Kirche St. Peter im Perlach, Süddeutschlands frühester Ziegelbau, 38 Jahre jünger als die älteste aus Ziegeln erbaute Kirche nördlich der Alpen: die Jerichower Klosterkirche in Sachsen-Anhalt, deren Bau 1144 begonnen wurde.

Augsburg unterschied sich in einem sehr wesentlichen Punkt von Nürnberg: es war eine Bischofsstadt, und zwar eine, die bis in die Römerzeit zurückreicht. Es muss also schon im 4. Jahrhundert einen Dom gegeben haben. Der Bau des heutigen wurde im Jahre 1065 begonnen, aber im 14. Jahrhundert im gotischen Stil umgebaut. Die beiden Augustiner werden den Dom also so gesehen haben, wie wir Heutigen. Sie konnten die damals bereits fünfhundert Jahre alten Prophetenfenster bewundern, die zu den ältesten Glasmalereien gehören. Wo die beiden Wanderer ihr Nachtquartier gefunden haben, lässt sich nicht sagen, vielleicht im St. Annenkloster bei den Karmelitern.

Dort jedenfalls hat Martin Luther acht Jahre später gewohnt, als er wieder nach Augsburg kam, und zwar anlässlich des dort versammelten Reichstages, an dem auch Albrecht Dürer, als Vertreter seiner Heimatstadt teilnahm. Doch persönlich begegnet sind sich die beiden Männer auch damals nicht. Wegen seiner 95 Thesen war Luther nämlich in den „Geruch der Ketzerei" geraten. Man hatte in Rom den Prozess gegen ihn eröffnet. Das hat ihn erschreckt, denn in seinen Thesen hatte er ja nichts behauptet, was mit seinem Doktoreid nicht vereinbar gewesen wäre. Einer Vorladung nach Rom folgen zu müssen, konnte sein Kurfürst verhindern. Luther sollte sich aber zu einem Verhör nach Augsburg begeben, wo gerade der Reichstag zusammengetreten war. Dort wohnte er also im Kloster der Karmeliter, deren Prior Frosch sein Schüler und Anhänger war.

Im ehemaligen Kloster kann man noch heute über eine Treppe, die Lutherstiege, in die Kammer gelangen, die 1518 Luthers Quartier gewesen war. Außerdem gibt es in den Räumen des einstigen Klosters eine reformationsgeschichtliche Ausstellung mit ausgewählten Schriften Martin Luthers. Im Westen der St. Annenkirche befindet sich die Kapelle der Familie Fugger mit deren Grablege, gebaut nach einem Entwurf Albrecht Dürers. Diese 1512 errichtete Kapelle gilt als der älteste Renaissancebau nördlich der Alpen. In dieser Kirche wurde 1999 die Gemeinsame Erklärung der römisch-katholi-

sche Kirche und des Lutherischen Weltbundes zur Rechtferti-
gungslehre unterzeichnet, ein bisher folgenloses Ereignis. Im
Kreuzgang des Klosters sieht man die Grabsteine evangelischer
Augsburger Familien wie die der Welser.

Gleich nachdem Martin Luther mit Wenzeslaus Linck, der
sich ihm in Nürnberg angeschlossen hatte, am 7. Oktober 1518
in Augsburg eingetroffen war, lud ihn der Jurist und Stadtschreiber Conrad Peutinger zum Essen in sein Haus in der Nähe
des Doms ein. Conrad Peutinger hatte in Italien studiert und
stand in Verbindung mit den dortigen Humanisten. Er war vor
allem als Historiker bedeutend. Er gehörte zu jenen Humanisten, welche zunächst Martin Luthers Wirken begrüßten, sich
dann aber wie der Nürnberger Willibald Pirckheimer von ihm
zurückzogen und eine Reform der Kirche innerhalb des beste-
henden Systems anstrebten.

Das Verhör Luthers hatte einer der gelehrtesten Theologen
Roms anzustellen, nämlich Kardinal Thomas de Vio aus Gaeta,
der nach seinem Herkunftsort „Cajetan" genannt wurde. Dessen Begleiter Urban von Serralonga versuchte vor dem Verhör,
Luther zum Widerruf zu bewegen, vergeblich. Das Verhör, das
eigentlich nur darin bestehen sollte, dass Luther widerrief, fand
im Stadtpalast der Familie Fugger statt. Der Fuggerpalast steht
in der breiten und prächtigen Maximilianstraße. Im zweiten
Weltkrieg wurde er durch Bomben zerstört, ist aber in seiner
früheren Gestalt wieder aufgebaut worden. In ihm befindet sich
die Fürst Fugger Bank. Es ist ein sehr lang gestrecktes, bräun-
liches Bauwerk mit Innenhöfen, dem Serenadenhof und dem
Damenhof, die heute beide öffentlich zugänglich sind. Die beiden Augustiner, die 1510 nach Augsburg kommen, konnten
das Bauwerk noch nicht sehen. Denn erst 1512 wurde mit der
Errichtung begonnen.

Bereits im 16. Jahrhundert waren die Fugger die großen
Bankiers. Diese haben damals die Einsetzung des Magdebur-
ger Erzbischofs Albrecht von Hohenzollern zum Erzbischof von
Mainz finanziert. Denn nach dem Kirchenrecht durfte man
nicht zwei bischöfliche Ämter bekleiden, wenn aber doch, dann
musste an die Kurie eine sehr hohe Gebühr bezahlt werden,
eine Summe, welche Albrecht nicht aufbringen konnte, weshalb er sich von den Fuggern einen Kredit geben ließ. Dieser
musste natürlich zurückgezahlt werden, und damit Albrecht
das Geld dazu aufbringen konnte, gestattete ihm der Papst

Möglichst viel Ablass in Rom zu gewinnen, ist das persönliche Reiseziel Luthers.
Der Petersdom war zu der Zeit noch im Bau.

In den Passlagen, wie hier am Septimer, sind die Straßen noch wie zu
Luthers Zeiten.

Durch Flusstäler und über schmale
Passstraßen führte der gefährliche Weg
über die Alpen.

Dicht gedrängt stehen die Häuser in vielen
italienischen Städten wie in Bologna.

Als Luther nach Rom kam, lag die alte Stadt Rom noch unter dem Schutt
der Geschichte.

Die Nürnberger Burg war der Schauplatz mehrerer für die Reformation bedeutsamer Reichstage.

Martin Luther bewunderte das „Männleinlaufen" an der kunstvollen Uhr der Nürnberger Frauenkirche.

Blick von der Sebalduskirche zur Nürnberger Burg.

Der Schöne Brunnen in Nürnberg.

Die Lorenzkirche in Nürnberg.

Die St. Annenkirche des Augsburger Karmeliterklosters

Die Lutherstiege führt in Luthers Kammer im Augsburger Karmeliterkloster

Im Stadtpalast der Fugger in Augsburg wurde Martin Luther 1518 von Kardinal Cajetan verhört.

Ein Innenhof des Augsburger Fuggerpalastes

Eine Straße in der Augsburger Fuggerei mit der Kirche, die älteste Sozialsiedlung der Welt.

Wie zu Luthers Zeiten wird auf dem großen Augsburger Gemüsemarkt gehandelt.

Ehe Martin Luther am 20.Oktober 1518 aus Augsburg floh, heftete er seinen Protest an das Portal des Domes .

Die Klosterkirche St. Ulrich und Alban, davor das einstige Predigthaus des Klosters, das durch Beschluss des Rates evangelische Kirche wurde

In der Residenz des Augsburger Erzbischofs überreichten 1530 die evangelischen Stände dem Kaiser ihr Augsburgisches Bekenntnis und 1555 beschloss der Reichstag hier den Religionsfrieden.

einen Ablasshandel, genau den, gegen den sich Luthers 95 Thesen richteten, und die schließlich die Reformation auslösten. Von dem, was Albrecht an „Gebühren" nach Rom abzuführen hatte, wurde der Neubau der Peterskirche finanziert. Über dieses Bauvorhaben wusste Luther Bescheid, aber die weiteren Hintergründe sind ihm wohl unbekannt geblieben. Allerdings hat er wie auch Ulrich von Hutten gegen die Fugger polemisiert.

Das Verhör verlief nicht so, wie es sich der Kardinal gedacht hatte. Er erwartete wohl, dass dieser Bettelmönch aus dem barbarischen Norden vor ihm, dem großen und gelehrten Kardinal sogleich einknicken werde. Luther aber forderte Argumente dafür, dass er gegen seinen Doktoreid, also gegen die verbindliche kirchliche Lehre verstoßen habe. Er konnte darauf verweisen, dass es hinsichtlich des Ablasses, gar des Ablasshandels, keinen Beschluss eines allgemeinen Konzils gab, die Debatte darüber also frei sei. Luther, der ein Meister der Disputation war, wollte sich auseinandersetzen, während der Kardinal ihm Ketzereien nachweisen und so zum Widerruf zwingen wollte. Cajetan berief sich auf die päpstliche Bulle „Unigenitus", aber Luther konnte ihm vorhalten, dass er sie falsch auslege. Eine Woche lang dauerte dieses so genannte Verhör. Zwei Tage vor seinem Abschluss, am 16. Oktober, verfasste Luther eine Appellation an den Papst und heftete sie am Portal des Augsburger Domes an.

Am nächsten Tag entband Johann von Staupitz Luther von den Ordensgelübden, um sowohl ihn als auch den Orden zu entlasten. Es bestand immer noch ein Haftbefehl gegen Martin Luther, und ihm wurde insgeheim zugetragen, dass der Kardinal jetzt von diesem Haftbefehl Gebrauch machen werde. Um der Verhaftung zu entgehen, floh Luther am 20. Oktober hoch zu Ross und kam über Nürnberg, wo er bei Pirckheimer übernachtete, am 31. Oktober erschöpft in Wittenberg an. Da Cajetan mit der Berufung auf die Bulle „Unigenitus" nicht weitergekommen war, veranlasste er, dass Papst Leo X. eine neue und hinsichtlich des Ablasses eindeutige Bulle erlasse, die aber erst am 9. November ausgefertigt werden konnte, also viel zu spät in Augsburg eintraf. Sie hätte ohnehin keine Entscheidung bringen können, da es damals noch nicht das unfehlbare Lehramt des Papstes gab, das erst 1870 mit dem 1. Vatikanischen Konzil eingeführt wurde.

Nach 1518 ist Martin Luther nicht wieder nach Augsburg gekommen. Als Geächteter durfte er am Reichstag 1530, als das Augsburgische Bekenntnis dem Kaiser und dem Reichstag vorgelesen und überreicht wurde, nicht teilnehmen. Er hielt sich auf der Veste Coburg, dem südlichsten Teil des Kurfürstentums Sachsen auf. Der Reichstag versammelte sich im so genannten Fronhof, dem bischöflichen Schloss, das heutzutage, nach der Barockisierung, anders aussieht als damals. „Auf der Pfalz in der undern großen Stuben" verlas de kursächsische Kanzler Christian Beyer am 25. Juni das Bekenntnis auf Deutsch. Diese und die lateinische Fassung wurden dann dem Kaiser übergeben. Selbstverständlich gab es eine katholische Erwiderung, die Confutatio, und gegen diese eine evangelische Apologie. Doch der Kaiser lehnte beide evangelischen Bekenntnisschriften ab. Noch zwei Monate zogen sich die Verhandlungen hin. Ein Teil der evangelischen Stände verließ die Stadt entmutigt. Mit der verbliebenen katholischen Mehrheit konnte der Kaiser einen Reichstagsabschied durchsetzen, welcher das Augsburgische Bekenntnis verwarf. Eine ganze Reihe bedeutender Reichsstädte hat sich diesem Beschluss nicht angeschlossen, darunter auch Augsburg, wo die Reformation noch gar nicht eingeführt worden war.

Jedoch gab es in Augsburg schon seit längerer Zeit reformatorische Bestrebungen verschiedener Art. Da waren die Brüder Bernhard und Konrad Adelmann von Adelmannsfelden, beide Augsburger Domherren, die zu dem dortigen Humanistenkreis gehörten. Als Doktor Eck – Luthers Gegner bei der Leipziger Disputation 1519 – behauptete, Lutheraner gebe es in Augsburg kaum, außer ein paar „ungelehrten Domherren", veranlassten sie den Domprediger Johannes Oekolampad zu seiner Gegenschrift „Antwort der ungelehrten Domherren an Eck". Eck übte Rache. Auf die von ihm veranlasste päpstliche Bannandrohungsbulle „Exurge Domine" gegen Luther und dessen Anhänger setzte er handschriftlich den Namen Bernhard Adelmann hinzu. Die Brüder Adelmann wandten sich daraufhin wieder der römischen Kirche zu, und die Bannandrohung gegen Bernhard Adelmann wurde aufgehoben. Der Domprediger Oekolampad setzte sich für Luther ein und gab 1520 seine Stelle als Domprediger auf. Später verband er sich mit Zwingli und wurde der Reformator Basels.

Sein Nachfolger am Dom wurde der Schwabe Urbanus Rhegius, der auch mit der Reformation sympathisierte, aber am 30. Dezember 1520 verkündete er von der Domkanzel aus die Bulle „Exurge Domine", während der Rat der Stadt mit der Veröffentlichung noch zögerte. Doch wegen seines Luthertums verlor er im folgenden Jahr seine Stelle als Domprediger. 1524 wurde er Prediger an St. Anna und heiratete im folgenden Jahr. Zu Weihnachten wurde in St. Anna zum ersten Mal in Augsburg das Abendmahl in beiderlei Gestalt gefeiert. Das waren eindeutige Bekenntnisse zur Reformation.

Der Rat der Stadt versuchte, neutral zu bleiben. Es gab in Augsburg unter den Predigern wie unter den Laien sowohl Anhänger Luthers als auch Zwinglis, außerdem eine beachtliche Anzahl von Taufgesinnten. Erst am 22. Juli 1534 übernahm der Rat die Kirchenhoheit, so dass nur die vom Rat eingesetzten Prediger ihres Amtes walten durften. Klöster wurden geschlossen und ihr Kapital der Almosenkasse zugeführt. 1537 wurde eine Kirchenordnung erlassen. Dabei waren besonders Angehörige der Familie Welser, welche neben den Fuggern die andere große Augsburger Kaufmannsfamilie waren, tätig. Dass die Fugger nicht daran dachten, evangelisch zu werden, liegt auf der Hand. Da Zwinglianer und Lutheraner in Augsburg wirkten, blieb unklar, was „evangelisch" bedeuten sollte. Prediger, die Anhänger Zwinglis waren, hatten großen Zulauf, während sich die lutherischen Prediger mit beschämend wenigen Zuhörern begnügen mussten.

Augsburg gehörte zu den „Oberdeutschen", womit man die Südwestdeutschen zu bezeichnen pflegte, bei denen sich schweizerischer Einfluss geltend machte. Erst die Wittenberger Konkordie zwischen den Oberdeutschen und den Wittenbergern brachte 1536 die Einheit zustande. Der Augsburger Rat musste aber in außenpolitischer Hinsicht vorsichtig sein, weil er ebenso wie der Nürnberger befürchtete, dass der Herzog von Bayern jeden Anlass als Vorwand benutzen würde, um sich der Reichsstadt zu bemächtigen. Aus diesem Grund hatten sich Augsburg, Nürnberg und Ulm zum Drei-Städte-Bündnis zusammengeschlossen.

Der Rat der Stadt Augsburg war nicht für alle kirchlichen Einrichtungen zuständig. Bischof und Domkapitel sowie einige Stifte waren reichsunmittelbar. Bischof und Kapitel verlegten ihren Sitz nach Dillingen an der Donau, einige Stifte ließen sich an anderen Orten der Umgebung nieder, dies allerdings nur zeitweilig. So gibt es heute in Augsburg Kirchen beider Konfessionen, am deutlichsten in St. Ulrich am Ende der Maximilianstraße. Dort steht die katholische Kirche St. Ulrich und Alban, deren hoch aufragenden Turm man schon von weitem sieht. Im Jahr 1500 hatte Maximilian I. den Grundstein zu diesem „Reichsgotteshause" gelegt. Vorgebaut vor ihr steht die evangelische Kirche St. Ulrich. Sie war das „Predigthaus" jener katholischen Klosterkirche gewesen. Zwischen beiden gab es eine Wand, die aber jetzt verschwinden soll, weil gegenwärtig zwischen beiden Gemeinden ein ausgesprochen gutes ökumenisches Verhältnis besteht.

Dass der Rat der Stadt hier und in anderen Städten das Kirchenregiment übernahm, passte zwar in die Vorstellungswelt Zwinglis, der es ja in Zürich auch so gehandhabt hatte, erregte aber das Missfallen Martin Luthers. Denn nach dessen Lehre von den beiden Regimenten sind weltliche Herrschaft und geistliches Amt zwar gleichermaßen von Gott eingesetzt, aber zu unterscheiden und deshalb getrennt. Die weltliche Obrigkeit hat die Gewalt des Schwertes, das geistliche Amt, das Predigtamt, die Gewalt des Wortes Gottes zu handhaben. Wie sich das geistliche Amt des Schwertes zu enthalten hat, weshalb ein Bischof nicht Landesherr sein soll, so hat sich die weltliche Obrigkeit nicht in das Predigtamt einzumischen, sondern hat sich auf die Bewahrung äußerer Ruhe, Ordnung und Wohlfahrt zu beschränken.

Auch in der weiteren Reformationsgeschichte hat Augsburg eine Rolle gespielt. Nach der Niederlage der Evangelischen im Schmalkaldischen Krieg tagte hier 1548 der „geharnischte Reichstag", der das Interim beschloss, welches den Evangelischen für vier Jahre unerträgliche Einschränkungen „bis zum Konzil" auferlegte. Sie mussten in Augsburg einige Kirchen aufgeben. Das Predigthaus von St. Ulrich konnten sie sich aber nach einigen Schwierigkeiten sichern. Bischof und Domkapitel waren schon 1547, gleich nach der Niederlage der Protestanten nach Augsburg zurückgekehrt. Im Zusammenhang mit dem Interim hatte Karl V. dafür gesorgt, dass in Augsburg, in Ulm und anderen Städten die Handwerkerzünfte aus dem Rat der Stadt verschwanden, nachdem sie durch Generationen hindurch ihre Teilnahme am Stadtregiment erstritten hatten. Die Berater des Kaisers hatten wohl erkannt, dass gerade die Handwerker als „aufstrebender Mittelstand" diejenige soziale Gruppe bildeten, welche die reformatorische Bewegungen trug. Hier strebte man auch nach höherer Bildung. Handwerksmeister schickten ihre Söhne auf die Universitäten. Viele Humanisten und Reformatoren waren Handwerkersöhne.

Dann kam es zur Fürstenrevolution gegen den Kaiser. Der musste vor den Truppen der gegen ihn verbündeten Fürsten aus Innsbruck fliehen, und schließlich blieb ihm nichts anderes übrig, als ihren Forderungen nachzugeben. Er überließ es seinem Bruder, dem König Ferdinand, mit den Fürsten zu verhandeln, wobei zunächst 1552 der Vorvertrag von Passau zustande kam, der auf dem Reichstag zu Augsburg drei Jahre später zum Religionsfrieden führte. Dieser bestimmte, dass die Landesherren die Konfession ihres Landes zu bestimmen hätten, sei es lutherisch, sei es katholisch. Die Untertanen hatten sich nach der vom Landesherren bestimmten Konfession zu richten. Die das nicht wollten, konnten nach Verkauf ihres Besitzes mit ihrer beweglichen Habe auswandern. Die Reformierten waren in diesen Frieden nicht eingeschlossen. Der Papst erhob Widerspruch. Freilich wurden diese Bestimmungen in den evangelischen und in den katholischen Ländern recht unterschiedlich angewandt. Strittig blieb immer noch, ob die Räte der Freien Reichsstädte Landesherren, also Obrigkeiten im Sinne des Augsburger Religionsfriedens, sind.

Bei seinem letzten Besuch in Augsburg 1518 hat Martin Luther vielleicht auch die neue Fuggerei gesehen, deren Bau vier Jahre zuvor begonnen worden war. Es handelt sich um die älteste Sozialsiedlung der Welt, welche die Familie Fugger für schuldlos verarmte Bürger gestiftet hatte. Die Mieter zahlten einen rheinischen Gulden pro Jahr, was dem Wochenlohn eines Maurers entsprach. Dieser Betrag entspricht heute 0,88 Euro, und das ist noch die heutige Jahresmiete. In einem der Häuser wohnte von 1681 bis zu seinem Tode 1693 der Maurer Franz Mozart, der Urgroßvater Wolfgang Amadeus Mozarts.

Ulm

Zwei Tage nach dem Verlassen von Augsburg erreichen Martin Luther und sein Gefährte die freie Reichsstadt Ulm und sie sehen auch das Ulmer Münster. Aus dieser Anschauung ist eine

Bemerkung Luthers über die großen Kirchen, die für Predigten ungeeignet seien, überliefert: „Köln hat eine große Kirche, da vier Reihen Pfeiler standen, in jeder Reihe zwanzig Pfeiler...Feine mäßige Kirchen mit niedrigen Gewölben sind die besten für die Prediger und für die Hörer... Sanct Peters Münster zu Rom, die Kirchen in Köln und Ulm sind sehr groß und ungeeignet." Diese Bemerkung Martin Luthers notierte sein Famulus Lauterbach im März 1538. Luther spricht hier aus eigener Anschauung. Denn in Köln ist er 1512 gewesen, später in Rom und jetzt in Ulm. Das Ulmer Münster hat er also betreten.

Damals gab es im Münster 52 Altäre für alle möglichen Heiligen. Heute sind an den Pfeilern die Statuen der bedeutendsten Persönlichkeiten der Kirchengeschichte angebracht, darunter auch die Martin Luthers. Den heutigen Westturm, den höchsten Kirchturm überhaupt, hatte das Münster damals noch nicht. An ihm wurde Jahrhunderte gebaut, noch länger als am Kirchenschiff, bis er 1890 vollendet worden ist. Er ist nun 161 Meter hoch. Das Ulmer Münster ist die zweitgrößte Kirche Deutschlands mit 123,5 m Länge und 41,6 m Höhe. Nur der Kölner Dom ist größer. Es ist begreiflich, dass diese Dimensionen Martin Luther in Erstaunen versetzt haben.

Wir wissen nicht, wo die beiden Augustiner in Ulm ein Unterkommen gefunden haben, vielleicht im Dominikanerkloster. Dessen Dreifaltigkeitskirche war nach dem Zweiten Weltkrieg eine Ruine, ist aber inzwischen längst wieder aufgebaut und dient als evangelisches Tagungszentrum. In dem Kloster lebte der Mystiker Heinrich Suso oder Seuse, der hier am 25. Januar 1366 gestorben ist. Ob Martin Luther Susos Schriften kannte, wissen wir nicht, wohl aber, dass er mit anderer mystischer Literatur vertraut war. Sein Bemühen war ja darauf gerichtet, mit Gott überein zu stimmen. Zum mystischen Denken hatten ihn Schriften spätantiker griechischer Denker angeregt und solche der heiligen Birgitta von Schweden, die er 1511 gelesen hat. Luther meinte, in den dritten Himmel aufgestiegen zu sein und sich unter lauter Engeln befunden zu haben. Später fand er allerdings, dass es wohl eher der Teufel gewesen zu sein schien.

Es gibt von ihm auch eine Beschreibung von dem Erlebnis der „dunklen Nacht". Das ist der Zustand äußerster Verzweiflung, in die der Mystiker bei seinen Bemühungen um den Aufstieg zu Gott gerät. Die erste Psalmenvorlesung von 1513 bis 1514 zeigt deutliche Spuren dieser Beschäftigung mit der Mystik. Später hat Luther vor derartigen mystischen Übungen und der damit zusammenhängenden spekulativen Mystik gewarnt.

1515/1516 hat sich Luther mit der anders gearteten deutschen Mystik befasst. Es war ihm klar geworden, dass ein Aufstieg zu Gott gar nicht möglich und auch nicht nötig ist, da sich Gott in der Person von Jesus Christus zu den Menschen begeben hat. Erhalten haben sich Luthers Randbemerkungen zu dem Mystiker Johannes Tauler, der 1361 gestorben ist, also ein Zeitgenosse Susos und in seinen Gedanken Johannes Tauler sehr ähnlich war. Da geht es um die Geburt Gottes in der Seele durch Verzicht und Leiden. Wenn Luther später von der persönlichen Aneignung des Heils im Glauben spricht und schreibt, klingt die Sprache dieser Mystik durch.

Von der deutschen Mystik, von ihrer Empfehlung des Verzichts und des Leidens ging nicht nur ein Weg zu Luther, sondern auch zu Thomas Müntzer. Dieser ist im Unterschied zu Luther nie über die Mystik hinausgelangt, auch nicht in seiner späten revolutionären Phase. Das mystische Buch eines namenlosen Frankfurter Deutschordenspriesters hat Martin Luther 1516 auszugsweise und zwei Jahre später vollständig veröffentlicht. Das war Luthers erste Veröffentlichung überhaupt, und er war damals 33 Jahre alt und seit vier Jahren Professor. „Martin Luther und die Mystik" ist ein großes und oft besprochenes Thema.

Der erste evangelische Prediger in Ulm von dem wir wissen, war der Franziskaner Eberlin von Günzburg, der sich hier 1521 zu Luthers Lehre bekannte, aber deswegen aus der Stadt verwiesen wurde. Schon drei Jahre später berief aber der Rat der Stadt einen evangelischen Prediger und schloss sich 1529 auf dem Reichstag zu Speyer der Protestation der evangelischen Stände an, die sich gegen die Wiederholung des Wormser Ediktes richtete, welches Luther und seine Anhänger geächtet hatte. Im November 1530 stimmte die Mehrheit der stimmfähigen Bürger in einem Volksentscheid für die Einführung der Reformation. Die Mehrheit der Geistlichen in der Stadt und im Landgebiet war allerdings dagegen. Martin Bucer, Johannes Oekolampad und Ambrosius Blarer wurden als Prediger berufen, die letzteren beiden waren Anhänger Zwinglis, während Bucer eine vermittelnde Stellung einnahm.

Die wichtigste Persönlichkeit für die Reformation in Ulm war der aus der Stadt stammende Martin Frecht. Anlässlich der Heidelberger Disputation war er 1518 mit Luther bekannt geworden und beschäftigte sich seitdem mit dessen Schriften. In Heidelberg wurde er Professor und Dekan der Theologischen Fakultät und 1530/31 Rektor der Universität. Als Frecht im selben Jahr als oberster Prediger in seine Heimatstadt berufen wurde, folgte er diesem Ruf. In Ulm war es geradezu ein Gewohnheitsrecht, dass der Rat der Stadt Ulmer Bürgersöhne ins Pfarramt des Münsters berief.

Was aber war unter „Reformation" zu verstehen? Wir sehen hier die gleiche Erscheinung wie in Augsburg. Zwingli hatte 1527 den Ulmer Rat brieflich aufgefordert, die mittelalterlichen Zeremonien abzusetzen. Wir sahen auch, dass die vorhin genannten Prediger Zwingli anhingen. Es kam zum Bildersturm, eine Maßnahme, die Martin Luther schon 1522 in seinen Wittenberger Invocavit-Predigten verurteilt hatte, die aber im Einflussbereich Zwinglis gang und gäbe war. Martin Frecht selbst vertrat die Abendmahlslehre Zwinglis.

In Ulm machte sich aber noch ein anderer Einfluss geltend, derjenige des Schlesiers Kaspar von Schwenckfeld, der sich in Ulm niederließ. Hatte er sich anfangs noch an Zwingli angeschlossen, lehrte er dann ein spirituelles Christentum ohne Sakramente und kirchliche Institutionen, das sich allerdings nur in kleinen Kreisen, sog. Konventikeln, halten konnte. Das führte zu einer Auseinandersetzung zwischen Frecht und von Schwenckfeld, die mit dem Tübinger Kolloquium 1535 begann und dann in Ulm weiter geführt wurde.

Im Mai 1536 versammelten sich Vertreter der Oberdeutschen und der Wittenberger in Wittenberg, um sich hinsichtlich des Abendmahls zu verständigen. Diese Verständigung gelang auch. Das Protokoll der Tagung wurde von beiden Seiten unterschrieben, und damit hatte die Lehre Luthers bei den Oberdeutschen Eingang gefunden. Sie musste nun aber von dem Ulmer Rat und den anderen oberdeutschen Städten anerkannt werden. Trotz der von Schwenckfeld betriebenen Agitation dagegen, erklärte sich der Ulmer Rat am 30. Oktober einverstanden. Konstanz stimmte allerdings nicht zu, und die Schweizer hatten eine Teilnahme an den Verhandlungen von vornherein abgelehnt. Endgültig konnte sich die Lehre Luthers in Ulm und den anderen oberdeutschen Städten nach dem

Augsburger Religionsfrieden von 1555 durchsetzen, da dieser Religionsfrieden nur für Lutheraner und Katholiken, nicht aber für die Reformierten galt.

Lindau

Von Ulm führt der Weg über Memmingen und Leutkirch in mindestens drei Tagen nach Lindau, der Insel-Stadt im Bodensee, auch das „schwäbische Venedig" genannt. Über Lindau hat sich Martin Luther nicht geäußert, aber da wir wissen, dass er mit seinem Ordensbruder dann durch die Schweiz gezogen sein muss, führte der nächste Weg von Ulm über Lindau. Die Laubengänge entlang der Hauptstraße, in denen Brot verkauft wurde, haben die beiden wandernden Mönche gesehen. Auch das damals schon 800-jährige Damenstift wird ihrem Blick kaum entgangen sein. Heute ist das Landratsamt dort untergebracht, und die Stiftskirche, die man heute sieht, ist nicht die aus dem Mittelalter. Sie wurde 1748 gebaut. Eindrucksvoll und unübersehbar ist auch der hoch aufragende Mangturm, ein Teil der Stadtbefestigung, die damals gerade ausgebaut wurde. Der Turm steht am heutigen Hafen, den Martin Luther und sein Begleiter noch nicht sehen konnten, weil dieser Hafen erst 1811 geschaffen worden ist. Löwe und Leuchtturm stammen aus dem Jahr 1856.

Die Uneinigkeit, die im Stift herrschte, konnte der Rat nutzen, um Schritt für Schritt seine Selbständigkeit zu gewinnen und Reichsstadt zu werden. Ihr Wohlstand beruht auf dem Zwischenhandel in die Schweiz, vor allem an Salz und Getreide, aber auch auf dem Verkauf des Seeweins, der dort wuchs. 1496 sah die Stadt einen Reichstag unter Kaiser Maximilian in ihren Mauern.

Auch hier wissen wir nicht, wo die beiden Mönche genächtigt haben. Am ehesten kommt dafür das Franziskanerkloster in Frage. Dies ging dann durch die Reformation in den Besitz der Stadt über. Das heutige Stadttheater ist die ehemalige Franziskanerkirche. Das Stift blieb weiter bestehen und wurde erst infolge der Maßnahmen des Reichsdeputationshauptschlusses 1803 aufgehoben. Die Lindauer Reformation folgte derjenigen, die in Zürich durchgeführt worden war, sie war also an Zwingli orientiert. Deshalb hat sich Lindau auch nicht dem

Augsburgischen Bekenntnis angeschlossen, sondern mit Konstanz, Memmingen und Straßburg zusammen dem Reichstag zu Augsburg 1530 eine gesonderte, an der Schweizer Reformation ausgerichtete Bekenntnisschrift vorgelegt, die Confessio Tetrapolitana (das Vier-Städte-Bekenntnis). Lindau gehörte auch zu den protestierenden Ständen auf dem Reichstag zu Speyer 1529. Der Kaiser ließ die Lindauer nach dem Schmalkaldischen Krieg seine Ungnade spüren. Auch hier mussten die Vertreter der Zünfte ihre Plätze im Rathaus räumen.

Von Lindau aus ziehen die beiden Augustiner denselben verkehrsreichen Weg, auf dem elf Jahre zuvor das Heer des Schwäbischen Bundes gegen die Eidgenossen marschiert war. Diese wollten lieber ihre eigenen Wege gehen und fügten sich nicht den Beschlüssen des Reichstags von 1495. Kaiser Maximilian wollte die Eigenmächtigkeit der Eidgenossen nicht hinnehmen, sondern sie weiterhin fest an das Reich binden. Deshalb bot er den Schwäbischen Bund gegen sie auf. Mit ihm zog auch ein Nürnberger Fähnlein, geführt von dem Feldhauptmann Willibald Pirckheimer. Dieser große Humanist hat später den Verlauf des Schweizerkrieges, oder wie die Schweizer sagten, des „Schwabenkrieges", geschildert. Für den schwäbischen Bund war dieser Feldzug sehr verlustreich und bewirkte gerade das Gegenteil von dem, was er hatte bewirken sollen: Die Eidgenossen rückten in der Folge noch mehr vom Reich ab.

Chur

Der Weg vom Bodensee zieht sich für die Fußgänger zwei Tage lang weiter südwärts, zunächst ein Stück durch die Grafschaft Tirol und dann nach Graubünden. Hier sehen sie sich auf einmal Leuten gegenüber, die eine Sprache haben, die sie nicht verstehen, rätoromanisch. Heutzutage wird in Graubünden auch deutsch gesprochen, aber es ist fraglich, ob das damals schon so durchgehend der Fall gewesen ist wie heute. Damals gehörte Graubünden noch lange nicht zur Eidgenossenschaft, aber die Bündner waren mit den Eidgenossen verbündet. Erst 1803 sind sie der Schweiz beigetreten. Schließlich betreten die beiden Augustiner die Bischofsstadt Chur. Auf einer Anhöhe über der Stadt steht der Dom. Dort können sie den kurz zuvor geweihten Katharinenaltar mit dem aus der Werkstatt Albrecht Dürers stammenden Altarbild bewundern. Gleich unterhalb des Domes steht die Pfarrkirche St. Martin.

Der heutige Besucher findet im Dom gleich links neben der Eingangstür den Grabstein des Graubündener Freiheitshelden Jürg Jenatsch, der im 17. Jahrhundert gegen die spanische Besatzungsmacht in seinem Heimatland gekämpft hatte und aus politischer Zweckmäßigkeit zur katholischen Kirche übergetreten war. 1639 wurde er im Rathaus von Chur ermordet. Für Graubünden ist Jürg Jenatsch der Volksheld schlechthin. Der schweizer Schriftsteller Conrad Ferdinand Meyer (1825 bis 1898) hat sein Leben in einem 1876 erschienenen biographischen Roman dargestellt. Dieser Roman schildert den Weg eines Mannes, der vom Volksbefreier zum Machtmenschen wird.

In den winkligen Straßen der Stadt steht die Pfarrkirche St. Martin. Hier wirkte zwei Jahrzehnte nach Martin Luthers Besuch Johannes Comander als Pfarrer. Auf sein Wirken ist es zurückzuführen, dass sich die Stadt 1523 der Reformation Zwinglis anschloss. Das betraf aber nur die Stadt, nicht den Bischof, der reichsunmittelbar war. Deshalb residiert in Chur auch heute ein katholischer Bischof. Wie auch in Augsburg, Regensburg und Hildesheim hatte der Rat der Stadt die Einführung der Reformation beschlossen und durchgeführt, aber das berührte den Bischof nicht, denn er war nicht Untertan des Rates der Stadt.

Der Weg der beiden Reisenden führt weiter durch die Alpentäler. Als Kinder ihrer Zeit hatten die beiden Mönche keinen Blick für die Schönheiten des Hochgebirges. Für die Menschen des Mittelalters waren die Alpen eher bedrohlich und kein Ausflugsziel, bei dem man sich entspannen konnte. Doch einen Blick für das Praktische hatte Martin Luther durchaus. An den Abhängen der Berge kann er keine Äcker entdecken, wie er sie in seiner Heimat und auf der bisherigen Wanderung zu sehen gewohnt war. Hier sieht der junge Mann nur Weidewirtschaft. Später erzählte er: „Die Schweizer sind kräftige Menschen, aber weil sie in den Alpen wohnen, haben sie keine Landwirtschaft, sondern nur Weiden. Es gibt dort nichts anderes als nur Berg und Tal. Deshalb melken die Männer und bereiten Käse in Friedenszeiten." Anscheinend war Luther gewohnt, dass das Melken und die Käsebereitung Frauenarbeit war. Bei einer anderen Gelegenheit, als er die verschiedenen deutsche Stämme miteinander verglich, bemerkte er über die Schweizer:

„Die Schweizer sind die Ersten unter den Deutschen, beherzt und aufrichtig."

Über die Alpen

Nachdem sie zwei Tage lang durch den hohen Schnee gestapft waren, vorbei an Burg und See von Marmorea, gelangen Martin Luther und sein Ordenbruder an jenen Scheideweg, denn das bedeutet der Name des Ortes: Bivio. Hier noch auf Schweizer Boden ist die traditionelle Sprache nicht das Rätoromanische, sondern bereits das Italienische. Freilich kann man sich heute mit den Einwohnern fließend auf Deutsch unterhalten.

Deutsch ist auch die Verhandlungssprache im Rat der Gemeinde, aber dessen Protokolle werden noch in italienischer Sprache verfasst. Denn Bivio ist vom italienisch sprechenden Bergell aus besiedelt worden. Auf den Grabsteinen des sehr gepflegten Friedhofs bei der reformierten Kirche liest man Namen, die im Bergell verbreitet sind. Von Bivio aus führen zwei Wege übers Gebirge nach Süden, der eine geht über den Julierpass, der andere über den Septimer. Beides waren uralte Römerstraßen, schmal und nur in einer Richtung zu passieren. Über den einen Pass ging oder fuhr man nach Süden, über den andern nach Norden. Es waren also Einbahnstraßen.

Die beiden Wanderer ziehen nun über den Septimer. Der lag zwar etwas höher als der Julierpass, war aber im Winter besser passierbar. Außerdem wäre der Weg über den Julierpass ein Umweg gewesen, um ins Bergell, den südlichsten Teil Graubündens zu gelangen. Schon fast neunhundert Jahre vor Martin Luther war ein irischer Missionar, der heilige Columban, über diesen Pass in die Lombardei gewandert, um dort das Kloster Bobbio zu gründen. Daran erinnert eine Tafel auf dem Pass. An Martin Luther erinnert hier nichts. Den Weg zum Pass hinauf schaffen die beiden Mönche in gut zwei Stunden, bergab geht es dann schon leichter. Nach einigen Kilometern sehen sie eine Kirche, die sie selbstverständlich betreten. Hier trifft der Weg vom Pass auf die Straße nach Chiavenna, auf der die beiden Wanderer weiter ziehen.

Auch heutzutage kann man nur zu Fuß oder mit dem Fahrrad über den Septimer kommen. In Bivio nimmt man die

Straße, die hinter dem Hotel zur Post beginnt und kann noch knapp drei Kilometer mit dem Auto bis in 1920 Metern Höhe fahren. Dann endet der erlaubte Fahrweg und bis zur Passhöhe sind es dann noch gut drei Kilometer.. Dieser streckenweise steile Fußweg ist freilich nicht jedermanns Sache, aber von einem heimischen Allradfahrzeug kann man kann sich hinauffahren lassen, denn die Strecke ist für den Verkehr nicht wirklich freigegeben. Oder man nimmt sich ein Mountain-Bike, von dem hier viele unterwegs sind. Steile Berge umgeben einen dort, an deren Hängen Kühe weiden. Oben auf dem Septimer in 2310 Metern Höhe zweigen Wanderwege in verschiedene Richtungen ab.

Mit dem Auto kommt man nur über den Julierpass nach Süden. Denn der ist als richtige Straße ausgebaut. Auf der höchsten Stelle stehen links und rechts zwei römische Säulenstümpfe. An dieser Stelle beginnt Conrad Ferdinand Meyers Roman „Jürg Jenatsch". Man fährt dann auf der Straße Nr. 3 am See von Silvaplana und am Silser See vorbei und stößt schließlich auf die Stelle, wo der sieben Kilometer lange Fußweg vom Septimer auf die Straße trifft. Die Stelle ist leicht erkennbar, weil gerade dort an der rechten Straßenseite die Ruine jener gotischen Kirche zu sehen ist, die vermutlich zu Martin Luthers Zeit noch keine Ruine war. Damit ist man wieder auf dem Weg, den die beiden Mönche gezogen sind.

Nun kommen die beiden Reisenden ins Bergell. Die angestammte Sprache ist auch hier das Italienische, doch die Konfession hat sich gewendet und heute ist man hier reformiert. Vicosoprano, den Hauptort des Bergell, durchziehen die beiden Ordensbrüder. Nach der Reformation wirkte hier ein bemerkenswerter Mann als Pfarrer, Pietro Paolo Vergerio. Er stammte aus Capodistria, dem heutigen slowenischen Koper. Seit 1532 war er im kirchlichen Dienst und bereiste Deutschland, um die Fürsten für das von Papst Paul III. geplante Konzil zu gewinnen. So kam er 1535 auch nach Wittenberg, um mit dem Kurfürsten zu verhandeln. Im Wittenberger Schloss kam es zu einem Gespräch zwischen ihm und Luther sowie Melanchthon. Für Martin Luther hatte dieses Treffen etwas Lächerliches. Und der Abgesandte des Papstes hatte von Luther ebenfalls keinen guten Eindruck.

Vergerio wurde Bischof von Modrus, danach von seiner Heimatstadt Capodistria. 1540 begegnete er in Frankreich der Königin Margarete von Navarra, der Großmutter des späteren französischen Königs Heinrichs IV. Sie machte Vergerio mit reformatorischem Gedankengut bekannt. Nachdem er 1540 und 1541 an den Religionsgesprächen in Worms und Regensburg teilgenommen hatte, begann er in seiner Diözese Reformen einzuführen, weshalb die Inquisition 1545 einen Ketzerprozess gegen ihn eröffnete, der vier Jahre später zu seiner Absetzung und Exkommunikation führte. Nach einer vergeblichen Appellation an das Konzil von Trient floh er in die Schweiz und trat zum reformierten Bekenntnis über. Von 1550 bis 1553 war Vergerio dann Pfarrer der reformierten Gemeinde in Vicosoprano, später herzoglicher Rat in Württemberg.

Mailand

Zwei Tage brauchen Martin Luther und sein Gefährte, um vom Septimer durch das Bergell und Chiavenna an den Comer See zu gelangen. Es gibt keine Bemerkung Martin Luthers über das, was er am Comer See erlebt hat. Deshalb wissen wir nicht, wo die beiden übernachtet haben, möglicherweise in der Abbazia di Piona, die auch heute wieder ein Kloster ist.

Am Comer See betreten die beiden wandernden Mönche das Herzogtum Mailand. Vom sonnigen Süden bemerken sie nicht viel und auch die reizvolle Landschaft am Comer See, die der moderne Mensch als romantisch bezeichnen würde, fällt Ihnen nicht weiter auf. Schließlich sind sie im Winter unterwegs, und auf landschaftliche Schönheiten ist ihr Sinn ohnehin nicht gerichtet. Das Herzogtum Mailand ist von französischen Truppen besetzt, die ihnen überall begegnen, der Herzog Ludovico il Moro war schon 1508 in der französischen Gefangenschaft gestorben. Mailand war ständig umstritten zwischen Habsburg und Frankreich. Im Januar 1538 notierte Martin Luthers Famulus Lauterbach dazu eine Bemerkung seines Lehrers in dessen Tischreden: „Darauf sagte er viel über die Lombardei, eine sehr vornehme Gegend, und Mailand, das der Zugang zu Italien sei, ist die Hadermetz, darum man sich rauft und verzehrt mehr an Kriegen, als es Einkünfte bringt."

Einen Tag lang wandern die beiden am Ostufer des Sees entlang, bis sie nach Lecco gelangen und einen weiteren Tag, um bis Mailand zu kommen. Sie bestaunen den prächtigen Dom, an dem schon seit 125 Jahren gebaut wird, der sich aber noch nicht so zeigt, wie wir ihn heute sehen. Die eindrucksvolle Fassade stammt aus späterer Zeit. Der Mailänder Dom ist eines der verhältnismäßig seltenen gotischen Bauwerke Italiens, aber doch ganz anders als diejenigen gotischen Kirchen, die den beiden Augustinern aus ihrer Heimat vertraut waren. Im Mailänder Dom hatte der Bischof Ambrosius (339 bis 397) zu Ostern 387 Augustinus (354 bis 430), den Ordenspatron der beiden Mönche, getauft. Zu Martin Luthers Zeiten stand neben dem Neubau der Vorgängerbau Sta. Maria Maggiore, ein karolingisches Bauwerk. Von der noch älteren Kirche, in der Augustin getauft worden sein muss, war schon zu Luthers Zeit nichts mehr vorhanden.

Damals wird Martin Luther kaum gewusst haben, dass ihn einige Jahre später mit Augustinus mehr verbinden sollte als dass sein Orden nach dessen Regel lebte und dass er während des ganzen Mittelalters als der bedeutendste Kirchenvater galt. Der Schlüssel, den Martin Luther später für die Bibel fand und der für ihn die Erneuerung der Kirche erschloss, steht im Brief des Apostels Paulus an die Römer. Im Kapitel 1, Vers 17 schreibt Paulus über das Evangelium: „Darin wird offenbart die Gerechtigkeit, die vor Gott gilt" (man kann auch übersetzen: „die Gerechtigkeit Gottes"), welche kommt aus Glauben in Glauben; wie geschrieben steht: Der Gerechte wird aus Glauben leben." Der Glaube, das Vertrauen, das sich auf den gekreuzigten und auferweckten Jesus Christus richtet, rechtfertigt den Menschen, rettet ihn, nicht seine eigenen religiösen oder moralischen Leistungen. Im Glauben verlässt man sich nicht auf sein eigenes Tun, sondern auf das, was mit diesem andern, mit Jesus Christus, geschehen ist.

Diese Auslegung fand Martin Luther später in einer Schrift Augustins, auf die er sich natürlich berufen konnte, ebenso wie auf Augustins damit zusammenhängende Gnadenlehre. Im Juni 1540 sagte Martin Luther: „Augustinus ist der Denker; der will wissen und nicht wähnen und belehrt einen auch." Erst Jahre nach der Romfahrt bekam Augustin diese besondere Bedeutung für Martin Luther. Jetzt, auf seiner Reise nach Rom, ist bei aller Verehrung Augustins an irgendetwas Reformatorisches noch nicht zu denken.

In Mailand haben die beiden deutschen Mönche ein ganz bestimmtes Ziel, und das steuern sie auch gleich an, das Augustinerkloster im Süden der Stadt. Es gehörte zur lombardischen Reformkongregation, die über allerlei Privilegien verfügte. Der Münchner Prior Nicolaus Besler hatte im Auftrag von Johann Staupitz 1505 beim Papst erreicht, dass diese Privilegien auch den deutschen Observanten zukamen. Allerdings hatte man damit auch den damaligen Generaloberen des Ordens, Augustinus von Interamna, verärgert, weil Besler nicht den Dienstweg über den General eingehalten, sondern sich direkt an den Papst gewandt hatte.

In dieses Kloster gehen sie also, zumal sie dort zu übernachten hatten. Durchfroren wie sie sind, müssen sie sich erst einmal in dem einzigen heizbaren Raum aufwärmen, den ein Kloster der Augustiner-Eremiten aufzuweisen hat. Danach speisen die beiden Gäste aus dem Norden mit den Mailändern im Refektorium. Während der Mahlzeit herrscht Schweigen und man hört auf das, was einer der Brüder vorliest. Jetzt, im Advent, wird gefastet. Deshalb gibt es nur diese eine Mahlzeit am Tag.

Heutzutage braucht man nicht den weiten Weg zu laufen, um in dieses Kloster zu gelangen. Sehr preiswert und schnell bringt einen die U-Bahn dorthin. Die Klosterkirche San Marco nimmt sich nach den barocken Veränderungen auch heute noch bescheiden aus im Vergleich mit den anderen Gotteshäusern Mailands. Gleich neben dem Kloster und der Kirche San Marco steht die Kirche San Martino, und es kann gut sein, dass Martin Luther seinem Namenspatron dort einen Besuch abgestattet hat. Als er und sein Ordensbruder ihrer Pflicht, täglich die Messe zu lesen, nachkommen wollen, wird ihnen das in Mailand verwehrt. Denn die Messordnung, die sie studiert hatten und die ihnen vertraut war, war die römische Messe, aber die galt in Mailand nicht. Hier herrschte die ambrosianische Liturgie, eine Ordnung des Gottesdienstes, die auf den Bischof Ambrosius zurückging. Martin Luther merkte damals schon, dass die Einheit der Kirche, auch der römischen, nicht auf der Gleichförmigkeit des Rituals bestehen musste, ein Gesichtspunkt, der später in der Reformation, im Augsburgischen Bekenntnis, wichtig werden sollte.

Ebenfalls im Süden von Mailand liegt die Kirche San Ambrogio, eine Kirche, in die man nach dem Durchschreiten einer eindrucksvollen Vorhalle gelangt. In der Krypta liegt Ambrosius mit den Soldaten-Märtyrern Protasius und Gervasius

Das Ulmer Münster hat den höchsten Kirchturm der Welt, der erst 1890 vollendet wurde.

Das Innere des Ulmer Münsters, der zweitgrößten Kirche in Deutschland mit den Standbildern von Persönlichkeiten der Kirchengeschichte, darunter auch das von Martin Luthers.

An der Ulmer Dreifaltigkeitskirche wirkte der Mystiker Heinrich Suso.

Der Mangturm am Hafen von Lindau.

Der fünfspitzige Diebsturm ist ein Teil
der Lindauer Stadtbefestigung.

Der romantische Leuchtturm am Lindauer Hafen war zu Luthers Zeiten noch
nicht gebaut.

Schon bald nach der flachen Landschaft am Bodensee erheben sich die Alpen.

Darüber wunderte sich Martin Luther: dass die Schweizer mehr von der Weidewirtschaft leben als vom Ackerbau und dass die Männer Käse herstellen.

Die kleine Stadt Chur mit der reformierten Martinskirche

Der Dom zu Chur, in dem sich das Grab von Jürg Jenatsch befindet

Nachdem sie zwei Tage lang durch den hohen Schnee gestapft waren, kommen die
beiden Mönche am See von Marmorea vorbei

Der Septimer ist erstiegen; der Blick geht nach Süden. Italien ist nicht mehr weit.

Zwei römische Säulenstümpfe markieren den benachbarten Julierpass.
Hier beginnt Conrad Ferdinand Meyers „Jürg Jenatsch".

In den Passlagen sehen die Alpen oftmals noch so aus wie zu Luthers Zeiten.

Kaiten ist Massensport im See von Silvaplana in 1800 Metern Höhe.

bestattet. Deren Leichname hatte Ambrosius 386 entdeckt und in dieser später nach ihm benannten Kirche bestatten lassen. Auch er wurde dort beigesetzt. Man kann seinen Leichnam sehen, weil er seit 1864 unter Glas liegt. Diesen Kirchenvater hat Luther auch später durchaus geschätzt. Zwar hielt er nicht viel von dessen Auslegung des ersten Buches Mose, aber im Frühjahr 1532 sagte er einmal bei Tisch: „Ambrosius der geht zuweilen fein mit der Vergebung der Sünden um." Einen Hymnus des Ambrosius hat Martin Luther später verdeutscht und die Melodie für den Gemeindegesang vereinfacht. Es ist der Advents-Choral „Nun komm der Heiden Heiland" (Evangelisches Gesangbuch Nr. 4).

Wie können sich die beiden deutschen Reisenden in Italien verständigt haben? In den Klöstern war das nicht schwierig, weil dort lateinisch gesprochen wurde. Aus späteren gelegentlichen Äußerungen Luthers wissen wir, dass er sich einige italienische Redewendungen angeeignet hatte, etwa um sich nach dem Weg zu erkundigen.

Als er mit seinem Gefährten in Mailand ankommt, sind die beiden schon mindestens zwei Tage in Italien unterwegs und Martin Luther, der ein gründlicher Beobachter ist, gewinnt allmählich eine Vorstellung von Land und Leuten. Was er viel später über Italien und die Italiener gesagt hat, war überwiegend wenig günstig. Freilich ist dabei zu bedenken, dass sein Urteil durch seine inzwischen gebildete Ablehnung des Papsttums und des traditionellen Kirchenwesens beeinflusst ist, zumal er dabei gerade die Priester und Prälaten im Blick hatte.

„Italien ist nichts anderes als Aberglaube; sie leben ohne Gottes Wort und Predigt nur im Aberglauben und glauben weder an die Auferstehung des Fleisches noch an das ewige Leben; nur leibliche Plagen und Schwierigkeiten fürchten sie. Sie ehren den heiligen Antonius und Sebastian mehr als Christus, der ein milder und gütiger Bruder gewesen ist," bemerkte er im Februar 1538, und gut zwei Jahre später: „Den Deutschen spreche ich die Trunksucht zu, den Italienern die Lüge." Die Tänze der Italiener hielt er für unmoralisch, während es dort andererseits von Italien heißt: „Wehe dem, der mit einer fremden Frau spricht!"

Ein Zeitgenosse Luthers, der Florentinische Staatsdenker Niccoló Machiavelli (1469 bis 1527) hat Luthers Urteil über die Italiener bestätig. In seinen „Discorsi" (I 12) schreibt Machiavelli: „Erstens verlor dieses Land durch das schlechte Beispiel des römischen Hofes alle Gottesfurcht und alle Religion, was zahlreiche Übelstände und endlose Unordnungen zur Folge hat, weil ebenso, wie sich dort, wo Religion ist, alles Gute voraussetzen läßt, auch wo sie fehlt das Gegenteil vorauszusetzen ist. Wir Italiener verdanken also der Kirche und den Priestern erstens, dass wir ohne Religion und böse sind..."

Unterwegs sehen die beiden die ihnen noch fremde südliche Pflanzenwelt. Für Martin Luther wird sie eine Welt voller Gleichnisse. Am Zitronenbaum, der allezeit Früchte bringt, junge Früchte, wenn die alten zu Boden gefallen sind, lernt er, dass Christus allezeit neue Prediger und Lehrer seines Wortes sendet, wenn die früheren das Martyrium erlitten haben. Ein Zeichen der Güte Gottes ist es, wenn zwischen hartem Gestein Pflanzen wachsen können. Doch die lombardische Ebene ist fruchtbar, weil Gott sie gesegnet hat.

Weiter könnten die Wanderer zwar über Genua die ligurische Küste entlang ziehen, um bei Viareggio oder Livorno nach Osten in Richtung Florenz abzubiegen. Das ist aber wenig wahrscheinlich. Denn die Pilgerwege und die Handelsstraßen führten nicht die Küste entlang. Die alten Reise- und Pilgerberichte kennen einen andern Weg, der uns zunächst als Umweg erscheinen muss, nämlich den Weg über Bologna. So ließ sich nämlich der Apennin am besten überqueren. Es war ein Weg von mindestens fünf Tagen, den sie von Mailand wohl über Cremona, Parma, Reggio und Modena nach Bologna zurücklegen mussten. Martin Luther hat Cremona erwähnt. Dort gebe es unter lauter Juden nur achtundzwanzig Christen, hatte man ihm gesagt. Das war freilich ein höchst unwahrscheinliches Gerede. So gering kann der Anteil der Christen nicht gewesen sein. Luthers Bemerkung zeigt aber, dass er über Cremona gereist sein muss.

Bologna

Martin Luther und sein Ordensbruder betreten Bologna, eine Stadt, in der es von Soldaten wimmelte. Denn hier ist nicht nur das Hauptquartier, sondern die Hofhaltung des kriegerischen Papstes Julius' II., der gerade mit den Franzosen im Kampf liegt. Er wollte den Kirchenstaat, von dem in den dauernden Kämpfen dieser Jahre so viel verloren gegangen war, wieder herstellen. Bologna war eine der wichtigsten Städte des Kirchenstaates, jedoch hatten die Franzosen sie in Besitz genommen, aber Julius II. hatte sie ihnen wieder entrissen. Mit einem glänzenden Gefolge von 26 Kardinälen, 44 Bischöfen und 10 000 Rittern war er in die Stadt eingezogen. Als Martin Luther mit seinem Ordensbruder in Bologna ankommt, ist die Stadt überfüllt von Prälaten aller Grade, Adligen jeder Art, Höflingen und Soldaten.

In Bologna befindet sich die älteste Universität Europas. Sie wurde im Jahre 1088 gegründet und zog auch viele deutsche Studenten an. Als Martin Luther in die Stadt kam, studierte dort gerade der Sachse Karl von Miltitz. Es ist wenig wahrscheinlich, dass Martin Luther ihm da begegnet ist. Acht Jahre später hat er allerdings mit ihm zu tun gehabt. Karl von Miltitz trat nämlich nach seinem ziemlich dürftigen Studium in den diplomatischen Dienst der Kurie und wurde päpstlicher Kammerjunker. 1518 wurde er nach Wittenberg geschickt, um den Kurfürsten zum Vorgehen gegen Luther und zur Unterstützung einer Steuer zur Finanzierung des Krieges gegen die Türken zu bewegen. Um Friedrich den Weisen dazu willig zu machen, überbrachte der Nuntius ihm die goldene Tugendrose als Geschenk des Papstes. Allerdings durfte von Miltitz nur im Einvernehmen mit Kardinal Cajetan, der sich noch in Augsburg aufhielt, handeln. Zunächst sollte er nur die Lage prüfen und die Tugendrose noch nicht überreichen.

Von dem Ratsherrn Scheurl in Nürnberg, wo von Miltitz auf seiner Reise durchgekommen war, erfuhr Luther vom Kommen des Kammerjunkers und dass dieser ihn verhaften und nach Rom bringen solle, wozu er natürlich die Zustimmung des Kurfürsten brauchte. Es war durchaus nicht klar, wie dieser entscheiden würde. Als der Nuntius aber merkte, wie groß die Sympathien für Luther in Deutschland waren, beschloss er, seine Taktik zu ändern. Zunächst nahm er sich in Leipzig Tetzel vor, dem er vorhielt, dass dieser der Urheber der ganzen Geschichte sei.

In Altenburg kam es zur Aussprache zwischen Luther und von Miltitz. Einen Widerruf lehnte Luther ab, zu einem Entschuldigungsschreiben wegen der Schärfe seiner Ausfälle gegen den Papst und zu einer Erklärung seiner Treue gegenüber der Kirche war er bereit. Außerdem sollten beide Seiten auf weitere Auseinandersetzungen in der Ablassfrage verzichten. Luther veröffentlichte zwar eine öffentliche Erklärung, den bereits geschriebenen Brief an den Papst schickte er aber nicht ab. Karl von Miltitz berichtete dem Papst fälschlich, Luther sei zum Widerruf bereit. Alle weiteren Verhandlungen, die von Miltitz schon in die Wege geleitet hatte, lehnte Luther ab. Nun stand die Leipziger Disputation mit dem Ingolstädter Professor Johann Eck bevor, so dass alle weiteren Unternehmungen des wichtigtuerischen Kammerjunkers ins Leere liefen.

Ohne Zweifel haben die beiden deutschen Mönche den Dom, die Basilica di San Petronio, nicht nur gesehen, sondern auch betreten. Es ist ein ziemlich breites Bauwerk, das bis heute einen unvollendeten Eindruck macht. Der Giebel besteht nur aus dunklem Mauerwerk ohne Figuren und sonstigem Schmuck. Der Dom sollte ja noch viel größer werden, aber zu dem Erweiterungsbau ist es nicht gekommen. Das Geld, das für den Weiterbau vorgesehen war, wurde einem anderen Zweck zugeführt: dem Bau des Archigimnasio, dem Universitätsgebäude, das 1563 schräg hinter dem Dom errichtet wurde. Wer heute dieses Gotteshaus besichtigen will, wird durch eine polizeiliche Sicherheitskontrolle an die Bombenanschläge auf dem Bahnhof von Bologna im Jahr 2000 erinnert. Nicht der kleinste Rucksack darf mit hinein, aber eine Ablage für's Gepäck gibt es auch nicht.

Der Dom ist auch in seiner unvollendeten Gestalt, wie ihn Martin Luther sah und wie wir ihn heute sehen, riesengroß. Hinsichtlich seiner Größe steht er unter den Kirchen der Welt an fünfter Stelle. Im Marmorfußboden im hinteren Teil des Doms sieht man einen Metallstreifen, welcher den Meridian von Bologna bezeichnet. Bei genügend hohem Sonnenstand fällt ein Strahl durch eine kleine Öffnung im Dach darauf und bewegt sich auf dem Streifen. Mittags um zwölf Uhr kann man Monat und Stunde ablesen.

Am 22. Februar 1530 verlieh Papst Clemens VII. Karl V. die lombardische Königskrone, zwei Tage später, an Karls Geburtstag, krönte er ihn im Dom zu Bologna zum römischen Kaiser. Kein regierender deutscher Fürst war anwesend. Nur der Kurfürst von der Pfalz hatte einen Verwandten zur Kaiserkrönung entsandt, der beim Einzug in den Dom dem Kaiser den Reichsapfel vorantrug. Es war noch keine drei Jahre her, dass der Kaiser im Streit mit dem Papst Rom erobert und zur Plünderung freigegeben hatte. Clemens VII. hatte sich in die

Engelsburg geflüchtet, musste von dort aus dem Treiben der deutschen Landsknechte zusehen und sich schließlich ergeben.

Diese Katastrophe nennt man „Sacco di Roma". Der Papst war aber sehr daran interessiert, sich mit dem Kaiser zu verständigen, denn nur im Einvernehmen mit ihm konnte er der Ausbreitung der Ketzerei entgegen treten. So kam es in Bologna zu einer Einigung. Der Kaiser erlangte Absolution für den Sacco di Roma und wurde gekrönt. Vier Monate lang hielt sich Karl V. in Bologna auf und wohnte vermutlich im Palazzo del Podesta gegenüber vom Dom.

Dann brach der Kaiser auf zum Reichstag in Augsburg. Dort wollten die evangelischen Stände ihr Bekenntnis überreichen. Doch der Papst konnte beruhigt sein: der Kaiser würde dem Augsburger Bekenntnis nicht zustimmen. Im Dezember 1532 war er wieder in Bologna und traf sich mit Papst Clemens VII. Im gleichen Jahr hatte der Reichstag in Nürnberg beschlossen, die Glaubensfrage bis zum Konzil ruhen zu lassen. Um die Planung für dieses Konzil ging es in dem Gespräch zwischen Kaiser und Papst in Bologna. Während Karl V. auf eine baldige Einberufung drängte, konnte ihn der Papst davon überzeugen, dass zunächst einmal bei den Fürsten sondiert werden solle. In diesem Zusammenhang steht die Sendung des Nuntius Paolo Pietro Vergerio nach Wittenberg, desselben Mannes, der später reformierter Pfarrer in Vicosoprano wurde.

Nahe beim Dom liegt auch die alte Börse. Bologna war eine Stadt des Geldes. Angesichts der Zunahme von Geldgeschäften gegen Ende des Mittelalters war das Zinsnehmen zum Problem geworden. Unter Berufung auf 2. Mose 22,24 sowie 3. Mose 25,36-37 und 5. Mose 23,20 war es Christen verboten, von Christen Zinsen zu fordern. Hier in Bologna wie in den anderen Städten der Lombardei setzte man sich zu der Zeit, als Luther dort war, über das Verbot des Zinsnehmens und -gebens hinweg.

In Deutschland war man noch nicht ganz so weit. Die großen Finanziers wie die Fugger und die Welser bedienten sich der verschiedenen Kniffe, um auf Umwegen doch zu dem zu kommen, was praktisch auf Zinsen hinauslief. Leute, wie der fromme Jakob Fugger hatten aber ein schlechtes Gewissen dabei und fürchteten die Sündenstrafe im Fegefeuer, die sie trotz der Sündenvergebung, die sie im Bußsakrament empfangen hatten, erwartete. So hatten die Fugger, die Welser und andere reiche Leute ihr Problem. Der Nürnberger Humanist Konrad Peutinger war mit dem Ingolstädter Professor Johann Mayer, der nach seinem Geburtsort „Eck" genannt wurde, befreundet. Dieser Doktor Eck wurde später nach der Leipziger Disputation einer der bedeutendsten Gegner Luthers. Peutingers Frau Margarete war eine geborene Welser.

So kam es zu der Überlegung, ob sich der gelehrte Eck möglicherweise für eine Freigabe des Zinsnehmens einsetzen könnte. Dieser veröffentlichte 1515 in Ingolstadt Thesen, mit denen er sich für das Nehmen von Zinsen in Höhe von 5% einsetzte. Doch der Bischof von Eichstädt verbot die Disputation. Dagegen verwahrte sich Eck zwar mit dem Hinweis, dass ein Bischof einem Professor einer päpstlich privilegierten Universität keine akademische Disputation verbieten könne, aber das nützte ihm nichts. So trug er seine Thesen am 12. Juli 1515 in Bologna vor. Auf der Grundlage gemeinsamer Gegnerschaft zu Luther haben sich Eck und sein Bischof später verständigt.

Martin Luther hat sich zur Zinsfrage mehrmals geäußert. Während sein Anhänger Jakob Strauß in Eisenach seit 1523 jeden exkommunizierte, der Zinsen nahm und Zinsen gab, empfahl Luther im Anschluss an Thomas von Aquin das Risikokapital. Der Geldgeber habe das Risiko, das der Kreditnehmer – etwa ein Bauer im Falle einer Missernte – eingehe, mit zu tragen. Das Zinsnehmen, das in Bologna begonnen hatte, griff um sich und führte vielfach zu maßlosen Wucherzinsen. In Deutschland wurde zum ersten Mal in Eisenach ein fester Zinsfuß von 5 % gesetzlich festgelegt.

Von dieser Stadt, die später auch für die Reformation bedeutsam werden sollte, wenden sich die beiden Augustiner ab, um den Apennin zu überqueren. Der übliche Pilgerweg kann in drei Tagen zurückgelegt werden. Aus den Berichten anderer Pilger wissen wir, dass diese Gegend arm an Klöstern war. In dieser Gegend erkranken die beiden an Fieber. Martin Luther führt das darauf zurück, dass sie beim offenen Fenster geschlafen hatten. Ihr Wirt empfiehlt seinen beiden Gästen, Granatäpfel zu essen, und „dadurch", so berichtet Martin Luther später, „erhielt uns Gott das Leben." Dass Martin Luther hier von einem Wirt redet, zeigt, dass sie nicht in einem Kloster, sondern in einem Gasthof übernachtet haben müssen. Man kann also vermuten, dass sich dieser Vorfall gerade in dieser Gegend

zugetragen hat, in der es kaum Klöster gab, an denen ja sonst
kein Mangel herrschte.

Florenz

Die beiden Augustiner nähern sich der Stadt Florenz an der
Porta San Gallo mit ihrem hohen Durchgang und Befesti-
gungsanlagen zu beiden Seiten, von Soldaten bewacht. Um in
das Kloster der Augustiner-Eremiten zu gelangen, müssen die
beiden die ganze Stadt durchqueren. Unterwegs müssen sie damit rechnen, angepöbelt zu werden, denn gerade Bettelmönche bilden die Zielscheibe des öffentlichen Hohnes. Die beiden Mönche kommen am Kloster San Marco vorbei, dessen
Prior Savonarola gewesen war. Dann gehen sie über die Piazza
della Signoria, auf der Savonarola 1498 hingerichtet worden
war. Und sie sehen dort Michelangelos David. Heute müssen
wir uns mit einer Kopie aus dem Jahre 1905 begnügen, während das Original in der Galleria dell' Accademia steht. Das
Reiterdenkmal Cosimos I. gab es noch nicht, wohl aber Do-
natellos Judith und Holofernes, die man heutzutage im Palazzo
Vecchio bewundern kann.

Über den Ponte S. Trinitá führe der kürzeste Weg zum Ziel,
dem Augustinerkloster mit der Kirche Santo Spirito, zu dem,
wie in Erfurt, auch ein Generalstudium des Ordens gehörte.
Es liegt auf der linken Seite des Arno. Heute ist es kein Augustinerkloster mehr. Gegen ein Eintrittsgeld kann man aber das
Cenacolo, das Refektorium, besichtigen, in dem nicht nur be-
merkenswerte Kunstwerke zu sehen sind, sondern in dem auch
Martin Luther und sein Gefährte gespeist haben. Den heutigen Kreuzgang hat Martin Luther nicht durchwandelt, denn
er stammt erst aus dem Ende des 16. Jahrhunderts.

Die Kirche Santo Spirito bietet äußerlich keinen Kunstge-
nuss, aber das sehr weiträumige Innere ist eindrucksvoll. Dieses Gotteshaus ist ein Werk von Brunelleschi und war im Wesentlichen 23 Jahre vor Martin Luthers Besuch vollendet. Nur
der Campanile stand noch nicht, und die Kuppel war noch
nicht vollendet. Die im Jahre 1492 von Sansovino geschaffene
Capella Corbinelli gilt als die wichtigste Sehenswürdigkeit in
Santo Spirito. Auch eine Reihe anderer Kunstwerke konnte
Martin Luther in dieser Kirche sehen. Fraglich ist allerdings,

ob er sie beachtet hat. Heute sind Kirche und Klostergebäude mittwochs geschlossen.

Als der Pater Martinus und sein Mitbruder nach Florenz kommen, hatte die Stadt wirre Zeiten hinter sich und noch einige Unruhe vor sich. 1490 hatte der Dominikaner Girolamo Savonarola vom Kloster San Marco damit begonnen, die Offenbarung des Johannes auszulegen. Er sah das nahe Ende der Welt kommen, dem aber große Not vorangehen werde. Die Christenheit müsse sich ändern: die Reichtümer der Klöster und Stifte sollten den Armen zukommen. Auch den Reichtum und den Luxus des Hauses Medici, das faktisch die Herrschaft in der Republik Florenz ausübte, griff er scharf an.

Als Savonarola dann zum Prior von San Marco gewählt wurde, lehnte er es ab, sich Lorenzo di Medici vorzustellen, obwohl dies so üblich war. Seine Klosterkirche war bei seinen Predigten überfüllt. Er musste sie nun im Dom halten, der aber auch die Massen bald nicht mehr fassen konnte. Savonarola wetterte gegen den gottlosen Papst Alexander VI. und gegen die Medici. Ja, er griff die ganze glänzende Renaissancekultur in Florenz an. Als Lorenzo 1492 im Sterben lag, ließ er Savonarola rufen, um bei ihm zu beichten. Zwei der drei Fragen des Priors bejahte er, nämlich, dass er glaube, Gott werde ihm seine Sünden vergeben und ob er bereit sei, alles unrecht erworbene Gut zurückzugeben. Die dritte Frage aber, ob er der Stadt ihre alten Rechte und Freiheiten wieder zu geben willig sei, verneinte er. So starb Lorenzo der Prächtige ohne Absolution.

Nachfolger wurde Lorenzos Sohn Piero. Der sah sich 1494 der Forderung des französischen Königs Karls VIII. gegenüber gestellt, den Truppen des Königs den Durchmarsch durch florentinisches Gebiet zu erlauben. Karl VIII. wollte seine Ansprüche auf Neapel, das jetzt von einer Nebenlinie des spanischen Königshauses beherrscht wurde, mit Waffengewalt durchsetzen. Piero zögerte, verhandelte mit dem König und lieferte ihm schließlich die Festungen von Pisa und Livorno aus, in der Hoffnung, dass die fremden Landsknechte Florenz schonen würden. Diese Nachgiebigkeit Pieros löste einen Volksaufstand aus. Die Medici wurden vertrieben, mit ihnen auch Giovanni di Medici, der spätere Papst Leo X., der in der Geschichte Martin Luthers und der Reformation noch eine wichtige Rolle spielen sollte.

Seit fünf Jahren war dieser damals neunzehnjährige Jüngling bereits Kardinal. Die Franzosen marschierten am 17. November 1494 in Florenz ein. Sie zogen weiter, eroberten Rom und konnten unter dem Jubel des Volkes schließlich in Neapel einrücken. Dass diese ganze Geschichte Papst Julius II. gar nicht gefiel, zumal Neapel päpstliches Lehen war, liegt auf der Hand. So kam es im folgenden Jahr zu einem Bündnis zwischen Papst, Kaiser, Mailand und Venedig gegen den französischen König. Das war die Liga von Venedig, die später so genante heilige Liga. Vor ihr mussten die Franzosen zurückweichen.

Nach dem Abzug der Franzosen aus Florenz war Savonarolas Stunde gekommen. Er hatte jetzt das Sagen, getragen von einer begeisterten Volksmenge. Zur Fastenzeit wurden alle Luxusgegenstände, Schmuck, Spiele und viele Kunstwerke auf einem riesigen Scheiterhaufen verbrannt. Großer Ernst zog in Florenz ein. Die Frauen gingen schwarz gekleidet, Bußstimmung angesichts des als nah erwarteten Weltendes herrschte. In Rom nahm man das alles nicht hin, sondern arbeitete auf den Sturz Savonarolas hin. Die Kurie konnte nun gegen ihn vorgehen, da die Stimmung des Volkes umschlug.

Die dauernde Bußstimmung konnte nicht durchgehalten werden, und die strenge Sittenkontrolle passte den lebensfrohen Florentinern schon gar nicht. Sie empfanden diese als Terror. Es war nicht das einzige Mal in der Geschichte, dass Moral und Terror Hand in Hand gingen. Savonarola und zwei seiner Vertrauten wurden im Mai 1498 verhaftet, kamen in den Kerker und wurden am Himmelfahrtstage, dem 23. Mai 1498, gehängt und anschließend verbrannt. Die Stelle, an der er auf der Piazza della Signoria starb, ist durch eine Inschrift auf dem Pflaster bezeichnet. Die Asche wurde in den Arno gestreut.

Die Medici konnten aber noch lange nicht zurückkehren. Noch waren sie nicht wieder die Herren der Stadt. Michelangelo Buonarotti begann nun, 1501 ein Monument der republikanischen Freiheit von Florenz zu schaffen, das 1504 auf der Piazza della Signoria aufgestellt wurde: der David, der den Riesen Goliath besiegt hat, das älteste Kolossaldenkmal der Neuzeit. Die beiden strengen Augustiner aus Deutschland sahen dieses Kunstwerk, aber der nackte Mann fand kein Gefallen bei ihnen.

Nach dem Ende von Savonarolas „Gottesstaat" kehrten die Medici noch nicht zurück. In dieser nunmehr freien Republik

Florenz wurde Niccoló Machiavelli Vorsteher der zweiten
Staatskanzlei, der sich nun als Diplomat im Dienste seiner Va-
terstadt bewährte. Genau in dieser Zeit kamen die beiden deut-
schen Mönche nach Florenz. Bald danach, 1513, kehrten die
Medici zurück, und Machiavelli wurde, gewiss zu Unrecht, als
Verschwörer ins Gefängnis gesteckt und gefoltert. Nach seiner
Freilassung zog er sich auf sein Landgut S. Andrea zurück, wo
er seine berühmten Werke verfasste.

Ganz in der Nähe des Standbildes von David war Savonarola sechs Jahre vor Luthers Besuch in der Stadt getötet worden. Auch seinem Geschmack würde das Standbild nicht ent-
sprochen haben. Martin Luther hat sich später mit Savonarola
beschäftigt. Dabei ging es ihm weniger um die Lehre und die
Predigten des Priors von San Marco. Er sah in seinem Schick-
sal ein Beispiel für die römische Tyrannei.

Aber auch Savonarolas Frömmigkeit hat ihn beeindruckt.
„Der damalige Antichrist", gemeint ist Papst Alexander VI.,
„durfte sich Hoffnung machen, das Andenken dieses großen
Mannes würde verlöschen. Aber siehe, er lebt, und sein Ge-
dächtnis ist ein Segen. Christus spricht ihn heilig durch uns,
sollten gleich die Päpste und Papisten darüber zerbersten".
1521 schrieb er in „Grund und Ursach aller Artikel D. Martin
Luthers": „Auf diese Weise ließ Alexander VI. den frommen
Mann zu Florenz verbrennen. Hieronymus Savonarola, Predi-
gerordens, mit seinen Brüdern. Solchen Gottesdienst treibt jetzt
die heilige Kirche der Papisten; es wäre kein Schaden, wenn sie
etwas Besseres täten." In sein Betbüchlein, das Luther 1522 veröffentlichte, nahm er auch „ain Betrachtung und Bittung gegen Gott gemacht durch Bruder Jeronimum" auf. Ein Jahr später gab er Savonarolas meditatio pia (fromme Betrachtung) mit
einem Geleitwort heraus, die dieser im Gefängnis geschrieben
hatte. In dem Geleitwort heißt es: „Die heiligen Betrachtun-
gen dieses heiligen Mannes Hieronymus Savonarola bieten wir
dir, bester Leser, an welchem Beispiel du sehen kannst, welche
Männer jener abscheuliche Stuhl des Verderbens zu verderben
pflegt."

Der Weg der deutschen Reisenden führt auch am Dom mit
Brunelleschis gewaltiger Kuppel vorbei. Dergleichen wie Kup-
pelbauten überhaupt kennen die beiden Deutschen nicht, aber
beeindruckt waren sie offensichtlich auch nicht. Denn weder
vom Dom und auch von der nicht weniger großartigen Fran-

ziskanerkirche Santa Croce hat Luther später etwas erzählt. Die Bauwerke selbst, die heute Touristenströme bewundern, waren ihm offensichtlich nicht wichtig.

Die sozialen Einrichtungen der Stadt beeindrucken ihn aber sehr. Er bewunderte das Haus für die Findelkinder (Ospedale degli Innocenti), welches die Zunft der Seidenweber 1419 gestiftet hatte, an der Piazza dell' Annunziata. Er besichtigte Krankenhäuser, deren er in Florenz mehrere sehen kann. Später hat er von deren „hospitalitas" erzählt. Dieses lateinische Wort bedeutet allgemein „Gastlichkeit", bezieht sich nun aber auf die Hospitäler, so dass man es mit „Krankenhauswesen" wiedergeben kann. Später sprach Martin Luther über das Krankenhauswesen der Italiener, „wie vorsorglich ihre Krankenhäuser seien: errichtet als prächtige Gebäude, die besten Speisen und Getränke verfügbar, sehr fleißige Diener, hochgelehrte Ärzte, die reinsten Betten und Kleidungsstücke sowie bemalte Betten. Sobald ein Kranker gebracht wird, wird seine ganze Kleidung ausgezogen, die in Gegenwart eines Notars gewissenhaft versorgt wird. Dann zieht man ihm einen weißen Kittel an, legt ihn in ein schön bemaltes Bett, reine Tücher. Bald werden zwei Ärzte hereingeführt, Gehilfen kommen, die Speise und Trank in sehr reinen Glasgefäßen bringen. Die rühren nicht mit einem Fingerlein daran, sondern bringen sie auf einem Teller. Dahin eilen höchst ehrbare ältere Frauen, die völlig verschleiert sind, herbei. An einigen Tagen bedienen sie die Armen, gleichsam unerkannt und kehren darauf wieder nach Hause zurück. Dies habe ich in Florenz gesehen, wie viel gastliche Fürsorge aufgewandt wird. Ebenso auch die Findelhäuser, wo die Kinder bestens betreut, ernährt, erzogen werden. Sie schmücken sie alle in eigener Kleidung und Farbe, und sie werden ganz väterlich versorgt." So hat er später bei Tisch erzählt.

Ihm entgeht allerdings auch nicht die sprichwörtliche Sittenlosigkeit der Florentiner. Florenz gilt auch als die erste Stadt, in der man sich zum Atheismus bekennen konnte. Das ist freilich eine extreme Randerscheinung, die aber gerade in dem geistigen Klima, das in Florenz herrschte, aufkommen konnte. Ohne Hemmungen erzählte man sich in dieser Stadt Witze bedenklichster Art. Die Entdeckung des Altertums in dieser Zeit, der Renaissance, hatte bewirkt, dass sich die neuen Gelehrten, die Humanisten, nicht nur um das Griechische und das klassische Latein kümmerten, sondern auch eine Gemeinsamkeit von antiker Philosophie und Christentum erstrebten. Die antike Philosophie verkörperte für sie Platon, nicht Aristoteles. Platons Dialoge wurden gedeutet im Lichte des spätantiken Neuplatonismus. In Florenz entstand unter Plethons Leitung eine Platonische Akademie.

Die Mediceer, vor allem Cosimo I. und Lorenzo der Prächtige, förderten den Humanismus nicht nur, sondern beteiligten sich an den gelehrten Unternehmungen. Aber auch Geheimwissenschaften, Kabbala, Magie und Astrologie spielten in diesen Kreisen eine erhebliche Rolle. So konnte es zur Verleugnung der christlichen Wahrheit kommen. Der vielleicht bedeutendste humanistische Gelehrte in Florenz war der Graf Pico della Mirandola. Es fällt auf, dass er mit dem asketischen Eiferer Savonarola befreundet war, und als Pico 1494 starb, hielt Savonarola die Grabpredigt. Der Florentinische Humanismus hatte allerdings seinen Höhepunkt schon überschritten, als Martin Luther und sein Gefährte dorthin kamen.

Einige Tage brauchen die beiden Mönche, um über San Casciano, Tavernelle und Poggibonsi nach Siena zu gelangen, der nächsten wichtigen Station.

Siena

Auch hier können Martin Luther und sein Ordensbruder in einem Kloster ihres Ordens unterkommen. Sie schreiten durch die Porta Camollia und müssen nun die ganze Stadt durchqueren, um in den Süden zu gelangen, wo ihr Kloster liegt. Es geht bergauf, und sie kommen an der Casa Santa Caterina vorbei, die sie wahrscheinlich besucht haben. Hier wurde 1347 Caterina Benincasa als Tochter eines Webers oder Färbers geboren, und hier hat sie auch ihr Leben verbracht. Visionär veranlagt, wurde sie Dominikanerin, ohne in ein entsprechendes Kloster einzutreten. So lebte sie also als Einsiedlerin in ihrem Elternhaus und hatte hier ihre Visionen und Ekstasen. Diese Art der Frömmigkeit ist derjenigen der heiligen Birgitta von Schweden (geboren 1301) sehr ähnlich. Caterina war eine Analphabetin, diktierte aber viele Briefe an Päpste und Kaiser. Papst Gregor XI. residierte damals im „babylonischen Exil" im französischen Avignon. Sie und die heilige Birgitta konnten ihn bewegen, 1377 in das damals trostlose Rom zurückzukehren, wo er schon im folgenden Jahr starb. In Rom wurde ein neuer Papst gewählt, der sich Urban VI. nannte, während die französischen Kardinäle den Bischof Robert von Genf als Clemens VII. zum Papst wählten.

Es gab also ein Schisma, eine Spaltung der Kirche, die nicht nur Verwirrung hervorrief, sondern auch zu bewaffneten Auseinandersetzungen führte. Caterina starb, wie es heißt, an gebrochenem Herzen 1380 in Rom. Die heilige Birgitta hat das alles nicht mehr erlebt. Sie starb schon 1373 in Rom und wurde achtzehn Jahre später heilig gesprochen, während Caterina erst 1461 von Pius II., einem Sieneser Papst aus dem Hause Piccolomini, heilig gesprochen wurde.

Ihr Elternhaus, die Casa Caterina in der Via del Tiratoio, wurde nach ihrer Heiligsprechung zu einer Andachtsstätte mit mehreren Oratorien umgebaut. Dieses Heiligtum konnten die beiden Pilger nicht umgehen. Hier riefen sie die heilige Caterina um Beistand an. Heute gehört zu dem Gebäudekomplex der Casa Caterina auch ein Hotel. Nahe bei der Casa Caterina liegt auf einer Anhöhe das Dominikanerkloster. Dort gibt es eine Kapelle der heiligen Caterina, wo in einem marmornen Tabernakel ihr Haupt als Reliquie aufbewahrt wird. Die Bilder aus dem Leben der Heiligen in dieser Kirche sahen die beiden Mönche nicht. Denn diese Darstellungen stammen aus späterer Zeit.

Im Todesjahr der heiligen Caterina wurde in Massa Marittima der heilige Bernardin geboren, im Unterschied zu Caterina hoch gebildet, der in Siena Jura studiert hatte und als Zweiundzwanzigjähriger in den Franziskanerorden eintrat. In vielen Städten Italiens predigte er, echt franziskanisch, gegen die um sich greifende Sittenlosigkeit, die dauernden Fehden der führenden Familien, die Spielsucht und den Wucher. Sein wichtigster und dauernder Wirkungsort war Siena, wo seine Predigten großen Zulauf fanden. Das Franziskanerkloster, ebenfalls hoch gelegen im Osten der Stadt, dient heute der wirtschaftswissenschaftlichen Fakultät der Universität, aber dort ist auch das mehrgeschossige Oratorium des heiligen Bernardin.

Martin Luther und sein Gefährte kommen über den Campo, den Platz vor dem Palazzo Civico, auf dem alljährlich der Palio stattfindet. Es ist ein Pferderennen, das aber mit dem, was man sonst unter Pferderennen versteht, nur wenig zu tun hat. Die Nachbarschaften, in welche die Stadt schon seit sehr früher Zeit eingeteilt war, schicken ihre Reiter und ihre Pferde zu diesem Wettkampf. Zuvor gibt es ein besonderes Auswahlverfahren, ein Proberennen, feierliche Umzüge und umfangreiche Zeremonien, ehe dieser Höhepunkt des Jahres für Siena am 16. August, dem Tage vor Mariae Himmelfahrt stattfindet. Ein seidenes Banner mit der Mutter Gottes ist der Siegespreis für das beste Pferd. Denn dieses zählt vor allem, weniger der Reiter. Sienesen durften keine Reiter bei diesem Wettkampf sein. Dafür wurden und werden Auswärtige angeworben. Unsere beiden Augustiner konnten dieses sommerliche Spektakel nicht erleben, denn sie durchreisten Siena mitten im Winter.

Bald gelangen die deutschen Mönche zum Dom Santa Maria Assunta. Das großartige Kunstwerk der Fassade dient der Verherrlichung der Gottesmutter. Im Inneren können sie die Kanzel bewundern, die Nicolo Pisano mit seinem Sohn und weiteren Mitarbeitern 1266 bis 1268 geschaffen hatte. Auf den sieben Feldern der Brüstung sind biblische Geschichten dargestellt. Am Fuß der mittleren Säule sehen sie Gestalten, welche die sieben freien Künste darstellen. Einen ebenso hohen künstlerischen Wert haben die 49 Sgrafitti und Intarsien des Fußbodens, die zwischen 1373 und 1523 geschaffen worden sind. Also konnten Martin Luther und sein Ordensbruder noch nicht die ganze Fülle dieser Werke sehen. Da sind nicht nur biblische Geschichten, und zwar nur solche aus dem Alten Testament, abgebildet, sondern auch Wappen toskanischer Städte und Roms, Sibyllen, die ja auch sonst den biblischen Propheten zur Seite gestellt wurden, und gleich am Eingang Hermes Trismegistos mit Mose, ein Werk von Giovanni di Stephano aus dem Jahre 1388.

Auf den mythischen Hermes Trismegistos wird eine Sammlung spätantiker religiöser Traktate zurückgeführt, die mit der letzten großen antiken Philosophie, dem Neuplatonismus, zusammenhängen. Dieses Bild ist ein Zeugnis für das Bemühen der Philosophen des italienischen Humanismus, antike, platonische Philosophie und christlichen Glauben in Einklang zu bringen, was in Florenz besonders gepflegt wurde. Martin Luther war dies nicht unbekannt. Denn der Gothaer Chorherr Mutian, das geistige Haupt des Erfurter Humanistenkreises, dem Martin Luther zwar nicht angehörte, aber zeitweise nahe gestanden hatte, war von dem gleichen Bestreben erfüllt.

Neben dem Dom sehen die beiden Besucher aus dem Norden Reste von Bauvorhaben, wie einzeln stehende Wände, deren Bedeutung sie sich nicht erklären können. Das sind die heute noch zu sehenden Überbleibsel eines hochfliegenden Planes des Großen Rates der Republik Siena, der am 23. August 1339 beschlossen worden war. Ein Riesendom sollte entstehen, dessen Hauptschiff im rechten Winkel zu dem damals schon stehenden heutigen Dom stehen sollte, so dass der heutige Dom ein Querschiff des Riesenbaues werden sollte. Doch das Pestjahr 1348 machte diesen Plan zunichte.

Das Augustinerkloster, zu dem die beiden nun ihre Schritte richten und zu dem sie durch enge Gassen gelangen, liegt im Süden der Stadt. Die einschiffige Klosterkirche ist hell und weiträumig. Peruginos Kreuzigung Jesu an einem Seitenaltar konnten die beiden Besucher schon betrachten. Alle übrigen Kunstwerke, die wir heute in dieser Kirche sehen können, gab es damals noch nicht. Als Martin Luther die 1288 gegründete Kirche betritt, hatte sie gerade einen Umbau erlebt. Die heutige barocke Gestalt erhielt sie in der Mitte des 18. Jahrhunderts. Mit ihr verbunden ist die Piccolominikapelle, genannt nach der Patrizierfamilie Piccolomini, die in Siena ansässig war. Ihr entstammte der Humanist Eneo Silvio Piccolomini, der im Jahre 1458 als Pius II. den Stuhl Petri bestieg, den er für sechs Jahre innehaben sollte.

Vergleicht man ihn mit anderen Päpsten jener Zeit, so ist er eine wahre Lichtgestalt. Ein Fresko im Dom von Siena stellt seine Erhebung zum Papst dar. In der Piccolominikapelle betrachteten die beiden Mönche das Triptychon, auf dem ihr Ordenspatron mit zwei anderen Heiligen ihres Ordens dargestellt ist. Jetzt kann man es im Museum der Domstiftung sehen. Kirche und Kapelle sind heute keine gottesdienstlichen Räume mehr. Für Besucher wird ein Eintrittsgeld erhoben. Auch die Klostergebäude dienen jetzt einem andern Zweck. Sie sind ein Teil der Universität.

Lange können sich die beiden Wanderer nicht in Siena aufhalten. Ihr Ziel ist ja Rom. Bis dorthin brauchen sie, am Bolsener See vorbei und über Viterbo, gut eine Woche. So erreichen sie den Monte Mario, und von ihm aus sahen sie die Türme und Kuppeln der ewigen Stadt liegen. Martin Luther fällt tief bewegt auf die Knie und ruft: „Sei gegrüßt, du heiliges Rom! Ja, wahrhaftig heilig durch die heiligen Märtyrer, von deren Blut es trieft."

Rom

Der Weg in die heilige Stadt führt Martin Luther und seinen Gefährten auf der Via Flaminia flotten Schrittes bergab ins Tibertal entlang den Weinbergen der Bischöfe und Kardinäle über die Milvische Brücke, an der einst Kaiser Konstantin „im Zeichen des Kreuzes" seinen und der Christen Widersacher Maxentius besiegt hatte, ein Ereignis, das Martin Luther bekannt war. Die beiden Augustiner schreiten durch die Porta Flaminia und stehen nun auf der Piazza del Popolo. Gleich links vom Stadttor liegt eines der beiden römischen Augustinerklöster mit der Kirche Santa Maria del Popolo. Müde und erschöpft, aber glücklich darüber, dass sie nun am Ziel ihres langen Weges angekommen sind, wenden sich die beiden dorthin. Denn sie wissen, dieses Kloster hat die Aufgabe, auswärtige Brüder, welche Rom besuchen, zu beherbergen.

In der Kirche zieht ein Marienbild am Hochaltar ihre Blicke auf sich. Es ist ein besonderes Heiligtum, weil es als ein Werk des Evangelisten Lukas galt, also eines Mannes, der die Gottesmutter persönlich gekannt und nach dem Leben gemalt haben soll. Hier wohnen die beiden einen Monat lang. Gemäß den Constitutionen ihres Ordens haben sie als Gäste des Klosters an den Stundengebeten teilzunehmen. In den Kapitelversammlungen haben sie aber kein Stimmrecht. Hier können die beiden Besucher aus dem Norden mit ihren italienischen Brüdern zusammen das Weihnachtsfest feiern.

Die Nachtruhe ist kurz. Denn schon um 3 Uhr haben die beiden Gäste des Klosters mit den Brüdern des Konvents zusammen an der Matutin, der „Mette" teilzunehmen, drei Stunden später an der Prim. Dann machen sie sich auf den Weg zum andern Kloster ihres Ordens, San Agostino, an der Piazza di San Agostino gelegen, in dem der Generalobere des Ordens residiert. An den pflichtgemäßen Stundengebeten können sie nicht teilnehmen. Der Prior von Santa Maria des Popolo dispensiert sie auf ihre Bitte davon. Der Weg nach San Agostino führt durch eine Stadt, die nicht viel Erhebendes zu bieten hat.

Zwei Tage brauchen Martin Luther und sein Gefährte, um vom Septimer durch das Bergell und Chiavenna an den Comer See zu gelangen.

Luther und sein Gefährte bestaunen den Mailänder Dom, an dem schon seit 125 Jahren gebaut wird.

Als alte Handelsstadt zeigt sich Mailand mit der Galleria Vittori Emanuele neben dem Dom.

Die Kirche des Mailänder Augustiner-klosters, in dem Martin Luther und sein Gefährte Unterkunft fanden

Die Vorhalle von S. Ambrogio in Mailand, der Grabkirche des hl. Ambrosius

Riesig ist der Dom zu Bologna. Nach dem Willen seiner Planer sollte er die größte Kirche der Welt werden.

In Bologna steht die älteste Bank der Welt, heute die Uni CreditBanca. Hier hatte man schon vor 500 Jahren keine Hemmungen mehr, Zinsen zu nehmen.

Die vielen Arkaden in den Straßen von Bologna schützen vor der Sonne .

In den Mittagsstunden ist die Stadt wie ausgestorben. Erst am späten Nachmittag erwacht Bologna wieder zu pulsierendem Leben.

Durch die Porta S.Gallo betraten Martin Luther und sein Gefährte Florenz.

Auch in den späten Abendstunden ist der Dom in Florenz ein Anziehungspunkt für viele Menschen.

S. Spirito in Florenz auf der andern Seite des Arno gehört zudem Augustinerkloster, in dem die beiden Deutschen übernachten konnten.

Das Findelhaus von Florenz hat Martin Luther sehr gelobt.

Die Stadt Siena an der Porta Camollia mit Blick auf den Palazzo Civico

Der Dom von Siena mit seinen typisch schwarz-weiß gestreiften Marmorsteinen

Die Franziskanerkirche in Siena

Bis in den späten Abend tummelt sich das Volk auf dem Campo von Siena

Die einstige Millionenstadt hatte noch 40 000 Einwohner, also weniger als Florenz und Venedig. Viele der alten römischen Baudenkmäler dienten als Steinbrüche oder waren noch mit Schutt und Erde bedeckt. Die Thermen Diokletians waren Jagdrevier von Kardinälen. Ein Teilnehmer von Luthers späteren Tischreden hat notiert, was Luther über Rom erzählt hat, „wie die Stadt schon geradezu ein Kadaver ihrer früheren Denkmäler sei, dass die jetzigen Häuser da stehen, wo vorher die Dächer gewesen sind, so tief liegt der Schutt, dass leicht zum Tiber und zur Brücke" – gemeint ist die zur Engelsburg führende Brücke San Angelo – „hin sichtbar wird, dass sie zwei Landsknechtspieße Höhe von eitel Schutt".

Zur Zeit Papst Julius' II. waren einige bedeutende antike Kunstwerke ans Licht gekommen. Von der neuen Renaissancekunst war noch nicht viel zu sehen. Michelangelo arbeitete seit 1508 in der Sixtinischen Kapelle, die deswegen ebenso wenig zugänglich war wie die Stanzen des Vatikans, die Raffael gerade mit seinen Gemälden schmückte. Auch der große Humanist Erasmus von Rotterdam hat über die Kunstwerke, die er in Rom hätte sehen können, kein Wort verloren. Vom neuen Stil sahen die beiden allerdings die Fassade der Klosterkirche Santa Maria del Popolo, und als sie auf der kleinen Piazza di San Agostino vor der Klosterkirche ihres Ordensgenerals standen, erblickten sie auch dort eine Renaissancefassade, freilich bescheiden, wie es sich für ein Kloster der Bettelmönche gehört. Über dem Portal las Martin Luther eine Inschrift, die er mit besonderem Interesse wahrnahm, denn sie lud dazu ein, in dieser Kirche Ablass für Lebende und Verstorbene zu erlangen. Wir wissen nicht, was die beiden deutschen Abgesandten mit dem Generaloberen oder seinen Mitarbeitern im Einzelnen verhandelt haben. Klar ist nur, sie wünschen die Erlaubnis, in der Angelegenheit der sieben renitenten Konvente an den Papst appellieren zu dürfen. Die Antwort bleibt zunächst aus.

Die Wartezeit nutzt Martin Luther, um das zu tun, was ihn ganz persönlich im Innersten bewegt. Das ist zunächst einmal die Generalbeichte, die aber für den frommen Mönch enttäuschend ausfällt. Luther findet die römischen Priester zur Seelsorge ungeeignet. „Damals kam ich nach Rom zu den ungelehrtesten Menschen," bemerkt er später. Außerdem findet er, dass die römischen Priester im Allgemeinen in haarsträubender Unkenntnis über die Sakramente dahinleben und nur sehr mangelhaft Latein verstehen. Der gelehrte Franziskaner Conrad Pellikan hat dasselbe beobachtet. Er konnte sich nur mit Hilfe eines Dolmetschers mit seinen römischen Ordensbrüdern auf lateinisch verständigen.

Ebenso wichtig wie die Generalbeichte ist Martin Luther der Besuch all der Kirchen, in denen besonders viel Ablass zu gewinnen ist. Das gilt vor allem für die sieben Pilgerkirchen: San Giovanni in Laterano, San Pietro in Vaticano, Santa Maria Maggiore, San Paolo fuori le Mura, San Lorenzo fuori le Mura, Santa Croce in Gerusalemme, San Sebastiano ad Catacumbas. Der Ablass sollte nicht Vergebung der Sünden bewirkte, sondern den Erlass – eben „Ablass" – der Sündenstrafen, also der Strafen, die man sich für begangene Sünden zugezogen hat, Strafen, die in diesem Erdenleben oder nach dem Tode an der Seele im sogenannten Fegefeuer vollstreckt werden. Voraussetzung für die Wirksamkeit des Ablasses war der Empfang des Bußsakraments, also Beichte und Zusage der Vergebung, und diese Zusage ist bedingungslos. Vergebung beutet aber nicht zugleich Straferlass. Der ist nur durch den Erwerb des Ablasses zu erlangen.

Auf dem Weg nach San Giovanni in Laterano kommt Martin Luther am Kolosseum vorbei. Er sieht es, nimmt es aber kaum wahr, weil es mit Gestrüpp überwachsen ist, wie wir aus den Berichten anderer Besucher wissen.

Als Martin Luther 1530 während des Augsburger Reichstags auf der Veste Coburg war, schrieb er unter Anderem „Das schöne Confitemini", eine Auslegung des 118. Psalms. Da erwähnt er seinen Besuch in der Laterankirche St. Johannes: „So ging es mir in Rom, als ich auch so ein toller Heiliger war; da lief ich durch alle Kirchen und Katakomben und glaubte alles, was daselbst erstunken und erlogen ist. Ich habe in Rom wohl auch eine Messe oder zehn gehalten, und es tat mir damals fast leid, dass mein Vater und meine Mutter noch lebten. Denn ich hätte sie gerne mit meinen Messen und anderen trefflichen Werken und Gebeten aus dem Fegfeuer erlöst. Es ist zu Rom ein Spruch: ‚Selig ist die Mutter, deren Sohn am Sonnabend zu Sanct Johannes die Messe liest.' Wie gerne hätte ich da meine Mutter selig gemacht. Aber es war zu viel Andrang, und ich konnte nicht hineinkommen und aß einen rustigen (?) Hering dafür." Der Ausdruck „eine oder zehn" ist nicht wörtlich zu nehmen. Es ist eine Redensart im damaligen Sprachgebrauch, die soviel bedeutet wie „eine ganze Menge".

Auch die nahe bei der Laterankirche gelegene Scala Sancta, die Pilatustreppe, kniet Martin Luther Stufe für Stufe hinauf. Dazu hat er in einer Predigt am 15. November 1545 bemerkt: „Was soll das Gebet? So wollte ich in Rom meinen Großvater aus dem Fegfeuer erlösen, ging die Pilatustreppe hinauf, betete auf jeder Stufe ein Vaterunser. Es gab nämlich die Meinung, wer so bete, erlöse eine Seele. Als ich aber nach oben gekommen war, dachte ich: ,Wer weiß, ob es wahr ist.' Dieses Gebet gilt nicht. Es ist ein falscher Glaube, bei so vielen Worten im Munde, und der Zweifel herrscht dennoch im Herzen." Heutzutage ist die Scala sancta in der Mittagszeit verschlossen.

1530 hielt Martin Luther eine Vorlesung über den Propheten Jesaja. Zu der Stelle Jes 61,7 (Dafür, dass mein Volk doppelte Schmach trug und Schande ihr Teil war, sollen sie doppelten Anteil besitzen in ihrem Lande und ewige Freude haben) sagte er: „Zu jener Zeit ist geschrieben worden, dass eine Stimme in der Laterankirche gehört worden sei: Jetzt ist das Gift in die Kirche geschickt worden. Denn es gehört sich nicht, dass sie herrsche und äußerlich regiere, es hindert den Dienst am Wort, wie wir erfahren haben." Der Lateran war nämlich ein Geschenk des Kaisers Konstantin an den Bischof von Rom und dessen eigentliche Kathedrale. Deshalb hat sich Martin Luther auch gewundert, dass die Peterskirche die Kirche des Papstes ist.

Von der Peterskirche, bei welcher der Pilgerweg endet, hat Martin Luther nicht viel gesehen, denn sie wurde seit 1506 umgebaut. Unter Bramantes Leitung war der östliche Teil der alten konstantinischen Basilika abgerissen, und noch stand erst ein Teil des Neubaus, wie die vier Säulen, welche die Kuppel tragen sollten. Den Gottesdienst hat Luther im alten Westteil erlebt, der durch eine Bretterwand gegen Osten geschlossen war. Mit dem Bau der Peterskirche hängt ja jener Ablasshandel zusammen, gegen den Martin Luther mit seinen 95 Thesen vom 31. Oktober 1517 disputieren wollte. Im Sermon von Ablass und Gnade aus dem Jahre 1518 schrieb Luther: „Viel sicherer und besser täte der, welcher lauter um Gottes willen gäbe zu dem Gebäude S. Petri oder was sonst genannt wird, als dass er Ablass dafür nehme. Denn es ist gefährlich, dass er solche Gabe um des Ablasses willen und nicht um Gottes willen gibt." Er hat also nichts gegen den Neubau der Peterskirche, wohl aber, dass dieser Bau mit Ablassgeldern finanziert wird.

In der Peterskirche gibt es eine Fülle von Reliquien, die mit Ablass verbunden sind.

Der Ruf Roms als heiliger Stadt gründete darin, dass dort die Apostel Petrus und Paulus das Martyrium erlitten hatten. Also pilgerte Martin Luther auch zur Kirche San Paolo fuori le Mura, die als Grabkirche des Apostels Paulus verehrt wird. Allerdings gab es schon damals darüber verschiedene Ansichten. In einer Predigt über Jesu Tempelreinigung (Matth 21,12-17) sagte Martin Luther später: „Ich bin auch zu Rom gewesen. Daselbst spricht der Papst wohl: S. Peter und S. Paul sind zu Rom begraben, die Häupter sollen daselbst liegen und die Körper zu S. Johann im Lateran, aber es ist eine unverschämte Lüge; er weiß, es ist nicht wahr. Sie mögen wohl zu Rom gewesen und allda gemartert und umgebracht worden sein, aber unter dem tyrannischen Wesen sind sie verworfen, dass darauf niemand so gewiss hat können Achtung geben, wo sie geblieben sind. Gott hat es auch verborgen, dass man nicht wisse, wo ihre Leiber geblieben sind. Der Papst weist den Leuten dafür hölzerne Häupter. Aber wenn man es gleich für wahr hielte, dass sie allda begraben wären, so lasse man die Toten allda ruhen, und sage man: ‚Ich will die toten Heiligen schlafen lassen, sie seien, wo sie wollen. Ich habe den rechten lebendigen Heiligen, den Herrn Christus, meinen lieben Heiland, den Brunnen und Quell aller Heiligkeit. Der redet mit mir, dessen Taufe, Sakrament und Evangelium habe ich'."

Über die hölzernen Apostelhäupter hat er sich in der Schrift über „das Papsttum zu Rom, vom Teufel gestiftet" 1545 ausgelassen: „Aber das kann ich fröhlich sagen, wie ich gesehen und gehört habe zu Rom, dass man zu Rom nicht weiß, wo die Körper S. Petri und S. Pauli liegen oder ob sie da liegen. Solches wissen Papst und Kardinäle sehr wohl, dass sie es nicht wissen. Da stellen sie zwei Häupter auf an S.Petri und S. Pauli Tag, geben vor und lassen den gemeinen Mann glauben, es seien der Apostel natürliche Häupter. Da läuft der andächtige Pöbel zu mit Hans von Jena. Aber Papst, Kardinäle und ihr Gesinde wissen sehr wohl, dass es zwei hölzerne, geschnitzte und gemalte Häupter sind, gleich wie sie mit Veronika tun, geben vor, es sei unsers Herrn Angesicht in ein Schweißtüchlein gedrückt. Und ist nichts anderes denn ein schwarzes Brettlein, da hängt ein Tüchlein davor, darüber ein anderes Tüchlein, welches sie aufziehen, wenn sie Veronika vorweisen. Da kann der arme Hans von Jena nicht mehr sehen als ein Tüchlein vor einem schwarzen Brettlein. Das heißt dann die Veronika vorgewiesen und gesehen, und ist hier große Andacht und viel Ablass bei solchen unverschämten Lügen." Von solchen und anderen fragwürdigen Heiligtümern hörte Martin Luther in Rom, konnte sie aber nicht sehen, weil sie am Aposteltag Peter und Paul, dem 29. Juni, gezeigt werden, also an einem Tag, an dem er nicht in Rom war.

Auch San Sebastiano mit der Katakombe an der Via Appia suchte er auf, denn sie gehört zum Pilgerweg. Man hat ihm dort erzählt, dass da 80 000 Märtyrer bestattet seien, darunter 46 Päpste, und dass man dort viel Ablass gewinnen könne, wovon Martin Luther natürlich Gebrauch machte.

An der Piazza Navona sah er die Kirche S. Agnese im verfallenen Zustand. Das ärgerte ihn, weil durch den Ablass, der in dieser Kirche gewährt wird, viel Geld einkommt, das aber der Pfründner dieser Kirche für sich verwendet, anstatt es für die Erhaltung der Kirche zu nutzen. Heute macht diese inzwischen barockisierte Kirche einen recht respektablen Eindruck.

Auch andere römische Kirchen suchte Martin Luther auf, darunter das Pantheon. Sicher wusste er, dass es sich dabei ursprünglich um den Tempel aller römischen Götter handelt. In einer Predigt über 1. Kor 12, 1-11 in der Sommerpostille schrieb er über dieses Bauwerk: „Was seid ihr gewesen, ehe ihr zu Christus gekommen seid? Eitel blinde Heiden, die ihr keine Erkenntnis Gottes hattet, sondern ließt euch an der Nase führen, wo man euch nur von einem Gott sagte, und war all euer Wesen nichts anderes als eitel zertrennter Gottesdienst, da ein jeder, wo er sich hinwendet, da musste er seinen eigenen Götzen haben, auch das Kind in der Wieg, so es die Muttermilch saugte. Wie S. Augustinus zählt, dass allein die Stadt Rom mehr als vierhundert Götter gehabt hat, dazu eine Kirche gebaut, die noch steht, vor Zeiten Pantheon genannt, aller Götter der Welt." Nun aber sah er in dem zur Kirche gewordenen heidnischen Tempel den Sieg Jesu Christi über die Götter der Heiden. Bei Tisch bemerkt er einmal: „ Alle Götter, die sie nicht kennen gelernt haben, haben sie in ihrem Tempel gehabt, damit sie ja den rechten Gott nicht verfehlen; allein den Christus haben sie nicht wollen noch leiden."

In Sankt Paul vor den Mauern erfährt Luther, dass hier die halben Körper von Paulus und Petrus liegen. Silvester I. habe sie geteilt und je einen halben Körper in St. Peter und St. Paul vor den Mauern bringen lassen.

Auch die Anima, die Kirche der Deutschen und der Niederländer, heute der Deutschen und der Österreicher, an der Via della Pace lernte er kennen. Er empfand diese Kirche als eine Oase in all dem unerfreulichen kirchlichen Betrieb, den er sonst in Rom erlebte. Hier wurde die Messe in ruhiger Feierlichkeit zelebriert. Für das mit der Kirche verbundene Spital fand er allerdings nicht so lobende Worte wie für die Spitäler in Florenz.

Für den heutigen Besucher dürfte ein in der Kirche befindliches Grabmal von Interesse sein, obwohl Martin Luther es noch nicht vorfinden konnte, weil derjenige, der dort begraben ist, damals noch am Leben war. Matthäus Schiner, ein Zimmermannssohn aus dem Wallis, der dank der Förderung durch seinen Onkel Nicolaus Schiner, zunächst Pfarrer in Ernen, dann Bischof von Sitten, nicht nur ein gebildeter Theologe, sondern schließlich auch als Nachfolger seines Onkels Bischof von Sitten wurde. Da wandte er sich der Politik zu, zunächst kaisertreu, dann die Partei des Papstes gegen den französischen König ergreifend, und arbeitete dann gegen die Reisläuferei, also dagegen, dass sich die Eidgenossen als Söldner, vor allem als solche des französischen Königs, verdingten. Wie schon Julius II. wollte auch er die Franzosen aus Oberitalien vertrieben sehen, ja er trachtete danach, die eidgenössische Herrschaft auf Oberitalien auszudehnen. Ein Feldzug in den Süden, zu dem Schiner die Eidgenossen hatte überreden können, schlug fehl, die päpstlichen Soldzahlungen, die Schiner versprochen worden waren, blieben aus. Es kam zum Konflikt zwischen Schiner und den Eidgenossen.

Er hatte auch einen mächtigen Gegner im Wallis, der es mit den Franzosen hielt: Jörg von der Flüe, genannt Supersaxo. Die Auseinandersetzung zwischen diesen beiden Männern brachte mancherlei abenteuerliche Geschichten mit sich. Das Wallis war zwischen den beiden gespalten. Schiner behielt die Oberhand nicht zuletzt dadurch, dass ihn der Papst 1511 zum Kardinal ernannte und so sein Ansehen in der Heimat stärkte. 1512 zogen die Eidgenossen unter Schiners Führung wieder nach Süden und vertrieben die Franzosen. Der Feldprediger, der das Heer begleitete, hieß Ulrich Zwingli. Es gelang dem Kardinal, seinen hartnäckigen Gegner Supersaxo in Rom ins Gefängnis, in die Engelsburg zu bringen. Da nun der neue König von Frankreich, Franz I., wieder mit seinem Heer in Italien erschien, zog ihm Schiner mit seinen wenig motivierten Eidgenossen entgegen. Nach einer Feldpredigt Ulrich Zwinglis kam es bei Marignano 1515 zu einer Schlacht. Die verbündeten päpstlichen und spanischen Verbände kamen zu spät zu dem Treffen. Zehntausend Schweizer blieben auf dem Schlachtfeld, zwanzigtausend flohen vor den besser ausgerüsteten Franzosen.

Zwei Jahre später musste der Kardinal vor seinem alten Feind Supersaxo aus dem Wallis weichen. Er ging nach Zürich, wo nicht nur sein einstiger Mitstreiter Zwingli inzwischen Leutpriester am Großmünster war, sondern wo er auch viele andere Freunde hatte. Mit seiner überlegenen Beredsamkeit gelang es ihm, Supersaxo von seinen Anhängern zu isolieren, und der Papst belegte Supersaxo mit dem Bann. Mit dem Tode Kaiser Maximilians drohte die Gefahr, dass Franz I. zum Kaiser gewählt werden würde. Dass es nicht dazu kam, sondern die Wahl auf den spanischen König Karl fiel, ist nicht zuletzt ein Werk der Intrigen und Reden des Walliser Kardinals. Der neu erwählte Kaiser hat ihm das gedankt: er machte ihn zu seinem Berater. Der hatte durch Zwingli die 1518 erschienene Gesamtausgabe der wenigen bis dahin erschienenen Schriften Luthers kennen gelernt und nach der Lektüre erklärt: „Luther, du bist wirklich lauter!" Schiner und den Medici gelang es 1521, die Franzosen aus Mailand zu vertreiben. Die Freundschaft mit Zwingli ging in dieser Zeit zu Bruch. Schiner wandte sich als Berater des Kaisers gegen die reformatorische Bewegung, während Zwingli in Zürich die Reformation einleitete, sich gegen die weltliche Macht des Papstes stellte und die Reisläuferei zugunsten des Papstes bekämpfte. Nach dem Tode Papst Leos X. wäre beinahe Matthäus Schiner Papst geworden. Doch die Mehrheit der Kardinäle entschied sich für Hadrian. Der hielt den Walliser Kardinal hoch in Ehren und wies ihm im apostolischen Palast eine Wohnung zu. Dort starb Schiner am 30. September 1522 an der Pest, und seitdem ruht er in der Anima.

Diese „Oase" erlebte Martin Luther anders als das, was ihn sonst in Rom erschreckte. Später erzählte er einmal bei Tisch: „Ich bin nicht lange in Rom gewesen, habe dort viele Messen gelesen und auch viele Messen lesen sehen; es graut mir, wenn ich daran denke. Da hörte ich unter anderen groben Brocken die Höflinge bei Tisch lachen und prahlen, wie etliche Messe hielten und über dem Brot und Wein sprachen: ‚Brot bist du, Brot bleibst du' und dann hoch hielten. Nun, ich war ein junger und recht frommer Mönch, dem solche Worte wehtaten. Was sollte ich da denken? Was konnte mir anders einfallen als solche Gedanken: so redet man hier in Rom frei und öffentlich bei Tische? Wie, wenn alle miteinander, Papst, Kardinäle samt den Höflingen, auf diese Art Messe lesen, wie wäre ich da betrogen, der ich von ihnen so viele Messen gehört hatte. Und überdies ekelte mich sehr, wie sie so rips raps die Messe halten konnten, als trieben sie ein Gaukelspiel. Denn ehe ich zur Evangelienlesung kam, hatte mein Nebenpfaffe schon seine Messe zu Ende gebracht und schrie mir zu: ‚Passa, passa, immer weg, mach Schluss usw.'"

Obwohl Luther des Italienischen nicht mächtig war, konnte er doch dieses und jenes aufschnappen, was die Leute in den Gassen so redeten. Das zeugte nicht immer von großem Respekt vor der Heiligkeit der eigenen Stadt. So hörte er, wie jemand sagte: „Gibt es eine Hölle, so ist Rom darauf gebaut."

Bei seinen Wegen durch Rom sah Martin Luther auch eine Kuriosität, von der er in seinen Tischreden mehrmals erzählt hat. „Auf einem öffentlichen Platz in Rom ist ein steinernes Denkmal jenes Papstes errichtet, der eine Frau war und an dieser Stelle ein Kind geboren hat. Diesen Stein habe ich gesehen. Und ich wundere mich, dass es der Papst erträgt." Bei einer anderen Gelegenheit ist er ausführlicher, wie ein Famulus berichtet: „Es gab eine große Täuschung für die Kardinäle. Sie war von Mainzer Herkunft und wurde von einem Kardinal in der Kleidung eines jungen Mannes nach England gebracht. Schließlich nach Rom gekommen, wurde sie von den Kardinälen zum Papst gewählt, aber sie war so verwirrt, dass sie öffentlich auf dem Platz niederkam. Martin Luther hat in Rom den Stein gesehen mit Diadem, bischöflichem Pallium und einem Kind auf den Armen. Diesen Platz rechts von einer Kirche umging der Papst jedes Mal, um dieses Bild nicht zu erblicken."

An diesen Stein knüpfte sich die im Mittelalter in verschiedener Form sehr verbreitete, auch Luther bekannte Sage von der Päpstin Johanna, die Dietrich von Schernberg in seinem „Spiel von Frau Jutten" auf die mittelalterliche Bühne gebracht hat. Heutzutage ist klar, dass es sich bei dem Stein um das

Denkmal des Mithraspriesters Papirius handelt, und die ganze Sage von der Päpstin Johanna ist aus der missverstandenen Darstellung auf diesem Stein herausgesponnen. Dieser Stein ist übrigens noch im 16. Jahrhundert entfernt worden. Nahm Martin Luther die Geschichte von der Päpstin Johanna ernst? Er hörte fromme Legenden, und die meisten hielt er für wahr, aber schon damals nicht alle. Man zeigte ihm beispielsweise die Stelle, an der Stephanus gesteinigt worden sei, aber da er die Bibel seit seiner Novizenzeit kannte, wusste er, dass das nicht stimmen konnte, denn Apostelgeschichte 7 besagt, dass Stephanus in Jerusalem gesteinigt worden ist.

Etwas hatte Martin Luther in Rom zu loben: das Gerichtswesen. Im Unterschied zu den Gerichten in Deutschland mit ihren oft komplizierten Zuständigkeiten und entsprechend langwierigen Verfahren, findet er die zügig arbeitende römische Justiz viel besser. Freilich hat er damit nichts zu tun, aber er konnte davon hören. Doch dieses und die „Oase" der Anima ist alles, was er in Rom gut fand. Sonst sah er nur Schlimmes, und sein Besuch in Rom war eine einzige Enttäuschung für den frommen Mönch, der mit großen Erwartungen in die heilige Stadt gekommen war. In einer Predigt 1539 sagte er: „Wer gen Rom kam und brachte Geld, der kriegte Vergebung der Sünden, ich als ein Narr trug Zwiebeln gen Rom und brachte Knoblauch wieder." Freilich sind alle seine Berichte aus der späteren Zeit, zu der er in heftigem Widerstreit mit der römischen Kirche lag. Was er aber erlebt hat, wird durch die Berichte anderer Besucher Roms bestätigt. Es fällt aber auf, dass weder diese anderen Besucher noch Luther durch die trüben Erfahrungen an ihrer Treue zur römischen Kirche irre geworden sind. Auch für Martin Luther waren seine römischen Erlebnisse nicht etwa der Auslöser, der von ihm in Gang gesetzten Reformation.

Die Reformation wurde entscheidend ausgelöst durch die Aufnahme, welche Luthers 95 Thesen vom 31. Oktober 1517 fanden. Die Thesen selbst waren noch nicht eigentlich reformatorisch. Es handelt sich ja um Thesen, mit denen er zu einer Disputation eingeladen hatte, und diese Thesen wie auch eine Disputation darüber bewegten sich im Rahmen dessen, was einem geschworenen Doktor der heiligen Schrift erlaubt war. Obwohl sie also keine Ketzerei bedeuteten, wurde in Rom der Prozess gegen ihn wegen des Verdachts der Ketzerei eröffnet. Bei den verschiedenen Verhandlungen, die sich daran anschlossen, war man nie bereit mit ihm darüber zu disputieren, ob seine Thesen und das, was er in diesem Zusammenhang veröffentlichte, im Widerspruch oder in Übereinstimmung mit der heiligen Schrift standen. Das hatte er immer wieder vergeblich gefordert, sah sich aber jedes Mal nur der Forderung gegenüber, zu widerrufen und sich zu unterwerfen. Dieses Fehlen der Bereitschaft der Gegner, sich auf Gottes Wort einzulassen, ließ in ihm seit 1520 den Verdacht aufkommen, in Rom regiere der Antichrist. Damit nahm er nur etwas auf, was man sich im Mittelalter schon lange zugeflüstert hatte. Erst rückblickend auf das, was er bei seiner Reise in Rom erlebt hatte, sah er diesen Verdacht bestätigt. In diesem Sinne ist das zu sehen, was er über seine Erfahrungen berichtete, aber diese Erfahrungen haben sein reformatorisches Wirken nicht eröffnet. Das kam vielmehr aus seinem Studium der Bibel.

Am 28. Oktober 1531 legte Martin Luther in der Wochenpredigt Joh. 8,20-23 aus. Da verglich er den Unglauben der meisten Juden gegenüber der Predigt Jesu mit dem, was er in Rom erlebt und gesehen hatte und verwies auf die dann im Jahre 70 n. Chr. erfolgte Zerstörung der Stadt, was für ihn ein warnendes Beispiel für Rom sein könnte. Zu dem, was Jesus Joh. 8 den Juden sagt, bemerkt er: „Das hat ihnen wehe getan, ist ihnen auch sehr verdrießlich, dass er sie also verdammt und verflucht, ihr Ding alles aufhebt, den Tempel, das Gesetz und ganzen Gottesdienst, so im Judentum war. Sie sollten ihn darob mit Zweien zu Stücken zerrissen haben, und sie hätten's wohl gerne getan, aber sie müssen's lassen, gleichwohl solch's Leiden und Hören, dass ihr Ding mit dem Tempel und Gesetz nichts sei. Wer keck ist, gehe gen Rom und tue es auch."

Ihren Auftrag, mit der Erlaubnis des Generaloberen eine Appellation an den Papst einzureichen, konnten die beiden deutschen Augustiner nicht ausführen. In den Akten des Generals findet sich unter Januar 1511 die Eintragung: „Die Deutschen werden daran gehindert, nach den Gesetzen zu appellieren." Damit haben wir zugleich eine Zeitangabe, wann der Aufenthalt Martin Luthers und seines Ordensbruders beendet wurde: Januar 1511. Denn dafür, dass etwa andere Deutsche zu dieser Zeit in Frage gekommen wären, gibt es keinen Hinweis.

Der Heimweg

Schließlich treten die beiden Gäste aus dem Norden den Rückweg in die Heimat an. Wieder wandern sie durch die ihnen bekannten Städte der Toskana. Pisa lassen sie buchstäblich links liegen, obwohl sich dort erstaunliche Dinge vorbereiteten, von denen die beiden Mönche allerdings nichts wissen. Nicht nur Heinrich XII. von Frankreich, sondern auch Maximilian I. waren des kriegerischen Papstes Julius II., der nur eine Erweiterung des Kirchenstaates im Sinn hatte, überdrüssig. Sie hielten allen Ernstes eine Reform der Kirche für dringend nötig.

Der Ruf nach einer Reformation war ja damals nicht neu, aber alle Versuche in dieser Richtung blieben in den Anfängen stecken. Nun beriefen Maximilian und Heinrich zusammen mit einigen Kardinälen ein Reformkonzil nach Pisa ein. Julius II. beantwortete diesen Schritt mit der Exkommunikation des französischen Königs, aber der Kirchenbann war damals schon infolge zu häufigen Gebrauchs eine stumpfe Waffe geworden. Zugleich berief der Papst seinerseits ein Konzil nach Rom in den Lateran. Dieses V. Laterankonzil wird in der römisch-katholischen Kirche heute als das 18. allgemeine und damit ökumenische Konzil gezählt. Es tagte von 1512 bis 1517 und galt ebenfalls als Reformkonzil, aber die wirksame Reform, die Reformation, wurde durch ein Ereignis in demselben Jahr ausgelöst, in dem sich das V. Laterankonzil auflöste.

1511 bahnte sich ein Konflikt zwischen Frankreich und den Eidgenossen an. Unter der Führung des Sittener Bischofs Matthäus Schiner strebten die Eidgenossen danach, Piemont in ihren Besitz zu bringen, während die Franzosen darauf aus waren, die schweizer Alpenpässe zu besetzen. Die Eidgenossen mussten sich zurückziehen. Ob nun unsere beiden Augustiner etwas von diesem Konflikt gehört hatten oder nicht, sie wollen jedenfalls nicht durch die Schweiz heimwärts ziehen, sondern durch Tirol. So schlagen sie zunächst den gleichen Weg ein, den sie schon auf der Hinreise benutzt hatten, nämlich den in Richtung Bologna. In dieser Stadt herrscht noch immer kriegerisches Treiben. Landsknechte, Rottmeister und Hauptleute erfüllten die Straßen, dazu allerlei Volk, welches den Heereszügen zu folgen pflegte. Da sind Gauner, die in den geplünderten Städten und Dörfern für sich Beute zu ergattern hofften, Händler, die Beutestücke kauften und verkauften, leichte Mädchen und Marketenderinnen mit ihren Karren. Dann, in oder bei Modena, wenden sich die beiden Augustiner nach Norden.

San Benedetto Po

Ehe Martin Luther und sein Ordensbruder den Po, den antiken Eridanus, überschreiten, finden sie, durchfroren wie sie waren, gastliche Aufnahme in dem reichen Kloster San Benedetto Po, das einst im 11. Jahrhundert Mathilde von Tuscien begründet hatte, die durch die Geschichte von Heinrich IV. in Canossa bekannt ist. Gut und gerne zwei Wochen lang waren sie schon von Rom aus unterwegs gewesen. So kommen sie gegen Mitte Februar in dem Kloster am Po an. Vor ihnen tut sich eine weiträumige Anlage mit vielen Gebäuden, einem idyllischen Kreuzgang und einem großen Refektorium außerhalb der Klausur auf. Das alles zeugt von dem Reichtum dieses Konvents. „In der Lombardei bei Padua ist ein sehr gut ausgestattetes Kloster des heiligen Benedict, das alle Jahr 36 000 Dukaten hat, in dem es so viele Üppigkeiten gibt, dass sie jährlich 12 000 Dukaten für die Bewirtung der Gäste verwenden, 12 000 weggeben, den dritten Teil für den Konvent. In ihm wurde ich, Martin Luther aufs ehrenvollste bewirtet. Ah, die Verehrung Gottes besteht nicht in Reichtümern, nach dem dritten Kapitel (des Buches) der Sprüche (wo?): ‚Die Frömmigkeit gebiert als Mutter Reichtümer, danach verschlingt die Tochter die Mutter, nämlich die Frömmigkeit.'" Das bemerkte Martin Luther später bei Tisch.

Hier sehen die beiden zum zweiten Mal den Po und überqueren ihn. Später hat Martin Luther die erstaunliche Breite des Flusses erwähnt: „Als von Wittenberg gen Brathe." Mit Brathe ist das 3 km südlich von Wittenberg gelegene Pratau gemeint. Die beiden haben den Eindruck, einen See vor sich zu haben, als sie bei San Benedetto auf dem jetzt im Winter mit kahlen Bäumen und Sträuchern bewachsenen Damm am Ufer des Flusses stehen.

Martin Luther hatte sich getäuscht, wenn er meinte, das gastfreie Benediktinerkloster liege in der Nähe von Padua. Denn Padua liegt gut hundert Kilometer nordostwärts von San Benedetto Po. Ganz in der Nähe aber liegt Mantua. Es ist müßig darüber nachzudenken, ob sich Luther in der Entfernung zu Padua verschätzt hat oder ob er Padua mit Mantua verwechselt hat. Noch im gleichen Jahr 1511, in dem die beiden Augustiner durch diese Gegend gewandert waren, gelang es dem ebenso intriganten wie kriegerischen Papst Julius II. Kaiser Maximilian wieder gegen Ludwig XII. von Frankreich auf seine Seite zu ziehen und in Mantua die heilige Liga zu erneuern. Zu ihr gehörte nun außer dem Papst, Maximilian, Ferdinand von Aragon, England und der Schweiz auch Venedig an, das erst zwei Jahre zuvor von der Liga von Cambrai (Ludwig XII., Maximilian I., Julius II. und Aragon-Kastilien) bei Agnadello geschlagen worden war.

In Mantua tagte 1511 ein Kongress der heiligen Liga, an dem auch der mit dem Papst eng befreundete Kardinal Giovanni di Medici, ein Bruder des unglücklichen Piero, teilnahm. Ihm gelang es, den Kongress dafür zu gewinnen, die Medici nach Florenz zurückzuführen. 1512 konnte Giovanni im Triumph in seiner Vaterstadt einziehen. Die Medici waren wieder Herren der Stadt, und Giovanni wurde ein weiteres Jahr später, nach dem Tode von Julius II., dessen Nachfolger auf dem heiligen Stuhl. Er nahm den Namen Leo X. an.

Er war es, der 1520 die Bannandrohungsbulle gegen Martin Luther und seine Anhänger erließ, allerdings ohne sie zu unterschreiben. Diese Bulle verbrannte Martin Luther am 10. Dezember 1520 öffentlich auf dem Schindanger am Elstertor in Wittenberg, woraufhin der Bann in Kraft trat. Als Julius II. im Sterben lag, hatte Maximilian die geradezu tollkühne Idee, sich zum Papst wählen zu lassen. Er hoffte nämlich, durch das nach Rom fließende Geld seine dauernden finanziellen Nöte beheben zu können. Zunächst brauchte er allerdings erst einmal viel Geld, um die im Konklave tagenden Kardinäle bestechen zu können. Das sollte ihm Jacob Fugger vorschießen. Der war allerdings als kluger Kaufmann für ein solch gewagtes Unternehmen nicht zu haben, und so zerschlug sich Maximilians Plan.

Mantua wurde als Ort des von Kaiser Karl V. und Papst Clemens VII. verabredete Konzil vorgesehen. Am 2. Juni 1536 erließ Papst Paul III. die Bulle „Ad dominici gregis", mit der er das Konzil nach Mantua berief und zwar für den 23. Mai 1537. Als Zweck wurde die Ausrottung der Ketzereien angegeben, was für die Evangelischen nicht gerade verlockend war. Martin Luther erhielt am 11. Dezember 1536 von seinem Kurfürsten den Auftrag, die Artikel evangelischen Glaubens zusammenzustellen, die dem Konzil vorgelegt werden sollten und zugleich zu bemerken, in welchen Punkten man Kompromisse eingehen könne. Luther zog zu der Ausarbeitung andere Theologen hinzu und schickte diese Artikel am 3. Januar 1537 nach Torgau, wo sich der Kurfürst gerade aufhielt. Philipp Melanchthon hatte Vorbehalte. Nach seiner Meinung genügte das Augsburgische Bekenntnis samt dessen Apologie.

Die Mitglieder des Bundes evangelischer Fürsten und Stände, des Schmalkaldischen Bundes, traten am 10. Februar in Schmalkalden zusammen, um über diese dann „Schmalkaldische Artikel" genannte Schrift zu beraten, ohne dass diese ihnen zuvor übermittelt worden war. Durch Melanchthons Bedenken bewogen, unterschrieben die Fürsten und die Vertreter der freien Reichsstädte nicht. Doch eine große Zahl evangelischer Theologen unterschrieb die Artikel. Da aber Kurfürst Johann Friedrich für die Artikel eintrat, wurden sie später zu einer der Bekenntnisschriften. Die Bundesversammlung hatte gleich zu Anfang eine Teilnahme am Konzil abgelehnt, weil es nach der ihm vom Papst gegebenen Zweckbestimmung kein freies Konzil sein könne. Der Papst seinerseits verschob am 20. April das Konzil. Gegen Ende des Jahres wurde das Konzil noch einmal verschoben, und es sollte in Vicenza stattfinden. Am 20. April 1538 verschob der Papst das Konzil auf unbestimmte Zeit.

Die beiden Augustiner hatten von San Benedetto Po Abschied genommen. Nach einem reichlichen Tagesmarsch erreichten sie das von der Etsch umschlungene Verona. Bis heute stehen auf der Piazza dell' Erbe, einem lang gestreckten, von prächtigen Gebäuden umgebenen Platz, und auf der Piazza die Signori die Zeichen der venezianischen Herrschaft, aber 1511 herrschte hier nicht die Republik von San Marco. Denn Maximilian hatte 1509 Verona in Besitz genommen, musste es allerdings 1516 der Republik Venedig zurückgeben. Jetzt, da Martin Luther und sein Gefährte dort ankamen, war sie also in deutscher Hand. Doch das interessiert sie nicht sonderlich, denn sie streben weiter nach Norden.

Trient

Zwischen immer höher werdenden Bergen wandern die beiden Mönche auf der alten Römerstraße, der Via Claudia Augusta, durch das Tal der Etsch von Verona aus nordwärts. Dies war, ebenso wie der Weg durch die Schweiz, ein wichtiger Handelsweg der süddeutschen Kaufherren und entsprechend belebt, aber auch, wie auf allen Straßen, von Raubrittern bedroht. Bettelmönche hatten allerdings von denen am wenigsten zu fürchten. Drei Tage brauchen sie, um bis nach Rovereto zu kommen. Am Morgen des dritten Tages erblicken sie hoch oben links von der Straße die Burg von Avio. Gut zwei Stunden nach Verlassen von Rovereto sehen sie rechts die riesige Burg von Beseno. Sechs Stunden später, bald nachdem sie die Grenze zum Heiligen Römischen Reich deutscher Nation überquert hatten, schreiten sie durch das südliche Stadttor von Trento, das die Deutschen Trient nennen. Zum Dom ist es nicht weit. In diesem Dom haben große Ereignisse stattgefunden.

Es lag schon 25 Jahre zurück, dass Maximilian, noch zu Lebzeiten seines Vaters Friedrichs III. am 16. Februar 1486 in Frankfurt von den Kurfürsten zum römischen König gewählt und zweiundfünfzig Tage später in Aachen gekrönt worden war. Nach dem Tode seines Vaters am 19. August 1493 wurde er Alleinherrscher, aber Kaiser könnte er sich erst nennen, wenn ihn der Papst gekrönt hätte. 1508 brach er deshalb in Richtung Rom auf, aber dieses Ziel erreichte er nicht, weil ihm der Durchzug durch Venetien nur unter demütigenden Umständen gestattet werden sollte, die für ihn nicht annehmbar waren. Sein Vertrauter, Matthäus Lang von Wellenburg, Bischof von Gurk, der allerdings nicht einmal zum Priester geweiht war, reiste an der Seite Maximilians mit eindrucksvollem Gefolge bis Trient. Hier im Dom proklamierte er am 8. Februar 1508 den römischen König Maximilian feierlich zum römischen Kaiser. Fortan nannte sich Maximilian „erwählter römischer Kaiser". Er ist der erste Kaiser ohne päpstliche Krönung, wobei das Wort „erwählter" durchaus einen Vorbehalt enthält.

Bedeutender ist aber, dass das lange angekündigte Konzil 1544 von Papst Paul III., dem Begründer der römischen Inquisition, einberufen, 1545 formell eröffnet, 1546 in Trient endlich zustande kam und nach diesem Tagungsort „Tridentinum" genannt wird. Es war schlecht vorbereitet und sollte siebzehn Jahre lang mit Unterbrechungen dauern und musste zeitweise in Bologna tagen. Allerdings blieb eine Minderheit in Trient. Hier tagte man sowohl im Dom als auch in der nahe gelegenen Kirche Santa Maria Maggiore. Der Kaiser hatte ein Religionsgespräch in Speyer geplant, und dem wollte der Papst mit dem Konzil zuvorkommen. Nähert man sich dem Dom von der breit angelegten heutigen Via Giovanni Verdi aus, so wirkt seine Westseite mit dem Hauptportal vergleichsweise schlicht. Der architektonische Reichtum zeigt sich vom Domplatz aus an der Nordseite. Eine Arkadengalerie zieht sich am Mittelschiff entlang, und unter der Galerie am Querschiff ist eine große Fensterrose zu sehen. Da sie sich an der Nordseite befindet, bekommt sie nie so viel Licht, dass sie im Inneren zur Geltung kommen könnte. Neben dem nördlichen Seiteneingang liegt im Inneren des Domes das Grab des Mannes, der das Konzil nach Trient geholt hat: Bischof Bernhard von Cles. In der Capella Alberti, der Sakramentskapelle unter dem großen Kruzifix, wurden die Beschlüsse des Konzils verlesen. Die Legende erzählt, dass der Gekreuzigte zu jedem Beschluss zustimmend genickt habe.

Eröffnet wurde das Konzil gerade einen Tag nach Martin Luthers Tod, am 19. Februar 1546. Teilnehmer waren fast nur italienische und spanische Bischöfe. Aus Deutschland war von Bischöfen nur der Mainzer Weihbischof Helding erschienen. Die Erzbischöfe von Mainz und Trier hatten je einen Bevollmächtigten, einen Procurator, entsandt. Diese Procuratoren hatten jedoch kein Stimmrecht. Das Konzil von Trient galt und gilt aber als ein allgemeines, ein ökumenisches Konzil, dessen Beschlüsse für alle Zeiten gültig, unwiderrufbar, nicht hinterfragbar und für Lehre und Predigt verbindlich sind. Für den, der dagegen verstoßen sollte, gilt das „Anathema sit", er sei ausgestoßen. Das entscheidende Wort hatten die Legaten des Papstes, die Kardinäle Del Monte (der spätere Papst Julius III.), Cervini (der spätere Papst Marcellus II.) und der Engländer Pole. Sie bildeten den Vorsitz, und sie allein hatten das Vorschlagsrecht, und über ihre Vorschläge wurde dann unter Vorsitz der Legaten debattiert.

Die römisch-katholische Lehre wurde auf dem Konzil umfassend festgelegt, wobei vielfach ältere Beschlüsse früherer allgemeiner Konzilien wiederholt wurden. Die Lehre vom Ablass jedoch, wurde erst jetzt, nämlich in der 25. Sitzung am 4. De-

Dieser Blick auf die Piazza del Popolo bot sich den Besuchern dar als sie durch die Porta Flamina in die Stadt Rom hineingehen.

Wie diese Andächtigen, so erwartete auch Martin Luther viel Ablass durch knienden Aufstieg auf der scala sancta.

Die Kirche des Augustinerklosters Santa Maria del Popolo. Hier wohnte Martin Luther mit seinem Gefährten während ihres römischen Aufenthalts.

Vom Aventin aus geht der Blick über das abendliche Rom mit der Kuppel des Petersdoms.

S. Agnese an der Piazza Navona hat Luther noch im verfallenen Zustand gesehen

Die prächtige Ausstattung des Petersdoms kündet vom Machtanspruch der römischen Kirche.

Der Petersplatz in Rom war vor 500 Jahren noch eine einzige Baustelle.

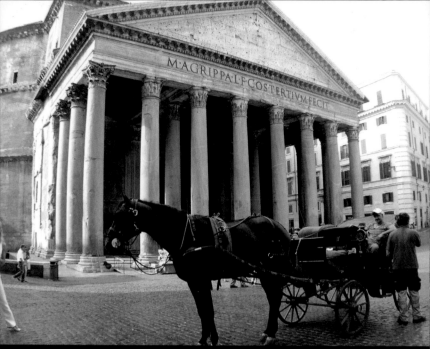

Einst Tempel aller Götter war das Pantheon zu einer Marienkirche geworden.

Die Anima, die Kirche der Deutschen, ist die einzige römische Kirche, die Luthers Beifall fand.

In dem reichen und gastfreien Kloster S. Benedetto Po gab es gut zu essen und zu trinken.

Den Po bei San Benedetto beschrieb Luther als breit wie ein See.

Im Dom zu Trient wurde die katholische Lehre nach der Reformation und gegen die Reformation festgelegt.

Wer von San Benedetto oder Verona nach Norden reist, wird gern am Gardasee eine Rast machen.

Heute schlängelt sich die Autobahn auf Stelzen durch das Etschtal.

In Brixen in Südtirol waren die Reisenden wieder auf deutschem Sprachgebiet.

Der alte Weg über den Brenner führt hier nach Norden.

Beeindruck haben Luther die Häuser in Innsbruck mit ihrer gleichen Dachhöhe.

zember 1563, festgelegt und als verbindlich erklärt. Verbindlicher Bibeltext war die lateinische Übersetzung, die Vulgata, nicht der hebräisch-aramäische und der griechische Wortlaut. Gleiche Verbindlichkeit haben die „Überlieferungen ohne Schrift, die aus dem Munde des Christus selbst von den Aposteln aufgenommen wurden oder von den Aposteln selbst, durch den heiligen Geist diktiert, gewissermaßen durch die Hände überliefert bis zu uns gelangt sind". (6. Sitzung vom 8. April 1546). Was das für Überlieferungen sind, wo und wie man sie finden kann, wird nicht gesagt.

Dieses Dekret richtet sich ganz klar gegen das protestantische Schriftprinzip: Allein die Schrift. Die Dekrete über Schrift und Überlieferung sowie über den Gebrauch der Vulgata wurden zuerst beschlossen. Allen Dekreten ist die Absage an die Reformation gemeinsam. Ganz besonders deutlich wird das in der 13. Sitzung vom 11. Oktober 1551 bei dem Dekret über das Fronleichnamsfest: „Und so gehört es sich, dass die siegreiche Wahrheit einen Triumphzug über die Lüge und die Ketzerei veranstaltet, so dass deren Gegner beim Anblick von so viel Pracht und in die Freude der allumfassenden Kirche gestellt, entweder vor Gebrechlichkeit und zerknirscht vergehen oder in Scham versetzt und verwirrt irgendwann zur Besinnung kommen."

Die Evangelischen lehnten eine Teilnahme an diesem Konzil ab. Das hatten die evangelischen Stände auf dem Reichstag 1545 erklärt. Luthers scharfe Schrift „Wider das Papsttum zu Rom, vom Teufel gestiftet" begründete diese Absage kirchengeschichtlich. Die Theologen von Wittenberg bis Genf waren sich in der Ablehnung einig. Die Bekanntgabe der ersten beiden Dekrete konnte sie darin nur bestätigen.

1547 wurde das Konzil wegen angeblicher Flecktyphusgefahr nach Bologna verlegt. Eine Minderheit protestierte und blieb in Trient. Der wahre Grund war der, dass Bologna im Kirchenstaat, Trient hingegen auf Reichsgebiet lag. Dem Papst lag daran, dass das Konzil in seinem Machtbereich tagte, was den Kaiser wiederum verärgerte. Julius III., der Nachfolger Pauls III., verlegte das Konzil wieder zurück nach Trient. Daraufhin lehnte König Heinrich II. von Frankreich das Konzil nun überhaupt ab.

Die Protestanten mussten schließlich doch Delegationen entsenden, denn sie hatten den Schmalkaldischen Krieg verloren und mussten sich dem „geharnischten Reichstag" zu Augsburg 1548 unterwerfen, also auch das Konzil anerkennen. Doch die Erklärungen der in Trient erscheinenden protestantischen Vertreter waren für die Konzilsväter nicht annehmbar. Inzwischen hatte sich das politische und militärische Blatt gewendet. Die sogenannte Fürstenrevolution war ausgebrochen. Die Heere der protestantischen Fürsten marschierten nach Süden. Der Kaiser floh aus Augsburg, am 28. April 1551 wurde das Konzil suspendiert. Die Konzilsväter suchten ihr Heil in der Flucht. Erst zehn Jahre später wurde das Konzil fortgesetzt.

Einerseits haben wir es beim Tridentinum mit den entscheidenden Dokumenten der Gegenreformation zu tun, aber zugleich mit einer katholischen Selbstbesinnung. Denn nicht zu übersehen ist auch die Absicht innerkatholischer Reformen, und eine Reinigung und Erneuerung katholischen kirchlichen Lebens ist ja tatsächlich parallel zur Gegenreformation erfolgt. Doch die Zeit von Lehrgesprächen zwischen den Konfessionen war mit dem Tridentinum für viele Generationen erst einmal beendet. Die Positionen waren nun klar.

Der treue Katholik und Mönch Martin Luther kam also in diese Stadt und besuchte ganz gewiss auch den Dom ohne ahnen zu können, was er selbst keine sieben Jahre später auslösen wird und dass in diesem Dom das letzte und absagende Wort der römisch-katholischen Kirche über die Bewegung und Veränderung, welche er angestoßen hat, gesprochen werden wird.

Nach Innsbruck

Die beiden wandernden Mönche verlassen nun Trient und erreichen gegen Abend die Salurner Klause, also jenen Pass, nach dessen Überschreiten sie im deutschen Sprachgebiet sind. Damit überschreiten sie die Grenze der Landesherrschaft des Bischofs von Trient zur Grafschaft Tirol, also zum habsburgischen Gebiet. Zwischen Bergen zur Rechten und zur Linken wandern sie neben der vor sich hinplätschernden Etsch auf eis- und schneeglatten Wegen. Mehr als einen Tag brauchen sie noch, bis sie endlich in Bozen anlangen. Hier verlassen sie das Tal der Etsch, nun ist der Eisack ihr munterer Begleiter, und so ziehen sie auf Brixen zu. Doch bis dahin brauchen sie mehr als einen Tag. Gegen Abend gelangen sie zunächst an der Zollstation Klausen an. Ob sie in dem über dem Städtchen gelegenen Kloster Säben übernachten konnten, wissen wir nicht.

Bald kommen die beiden nach Brixen und können im Kreuzgang des Domes die Fresken bewundern, welche die Passion Christi und die Geschichten der Märtyrer und anderer Heiliger darstellen. Die Landesherrschaft des Bischofs von Brixen war verhältnismäßig klein. Es war gerade zwei Jahre her, dass der vorige Bischof von Brixen, der Kardinal Melchior von Meckau, gestorben war. Er hatte ein Vermögen von 152.931 Gulden hinterlassen und bei der Bank der Fugger angelegt. Das Eigenkapital der Firma Fugger war nicht viel größer. Die Fugger konnten mit der Anlage des Kardinals gute Geschäfte machen. Doch nach dessen Ableben meldete sich die Begehrlichkeit Papst Julius' II.. Er brauchte immer wieder Geld für seine kriegerischen Unternehmungen. Den Fuggern aber drohte die geschäftliche Katastrophe, wenn das Kapital des Kardinals abgezogen würde. Da half Maximilian, der auf die Fugger angewiesen war, als Vermittler. Der Papst bekam einen ansehnlichen Betrag, aber die größere Summe blieb bei den Fuggern. So wurde auf dem Reichstag in Augsburg 1510 ein aufwändiger Fasching gefeiert, ein Freudenfest über den Gewinn des Handelshauses.

Von Brixen aus führt der Weg an der zur rechten Hand liegenden Burg vorbei: dem Sprechenstein. So kommen die Wanderer nach einem Tagesmarsch nach Sterzing und damit in die Gegend des damals blühenden Silberbergbaus. Den hatte Jacob Fugger, „der Reiche" seit 26 Jahren an sich gebracht, nachdem er die Filiale des Hauses Fugger in Innsbruck übernommen hatte. Erzherzog Sigismund von Tirol führte dort ein sehr aufwändiges Leben, und dazu brauchte er Geld, viel Geld, mehr als er hatte. Die Fugger aber hatten es und gaben es ihm gerne, sogar ohne die damals verbotenen Zinsen. Dieses Verbot konnte man umgehen. Sigismund verpflichtete sich, den Fuggern das begehrte Silber zu liefern, das man tief in den Tiroler Bergen gefunden hatte. Jacob Fugger verkaufte das Silber mit enormen Gewinnen. Doch die Tiroler empörten sich gegen ihren Landesherrn. Sigismund musste gehen. Sein Vetter Maximilian übernahm das Land. Da aber auch er ständig Geld brauchte, florierte das Geschäft der Fugger weiter. Sie investierten in Bergwerke. Doch auch die Stadt Sterzing hatte etwas von dem Silberbergbau. Der eindrucksvolle, schlanke Zwölferturm bezeugt den Wohlstand. Man erzählt, dass 20 000 bis 30 000 Knappen in den Bergwerken der engeren und weiteren Umgebung beschäftigt seien.

Nun geht es bergauf zum Brenner. Der Fluss, der die beiden Mönche begleitet, ist nun nicht mehr der Eisack, sondern die Sill. Dann geht wieder bergab, aber bis nach Innsbruck ist der Weg an diesem Tag nicht zu schaffen. Irgendwo zwischen Brenner uns Innsbruck müssen sie übernachten. Dann schließlich kommen sie nach Innsbruck, Kaiser Maximilians Lieblingsresidenz. Sie sehen das Goldene Dachl, das Maximilian elf Jahre zuvor hatte bauen lassen, daran die Kaiserloge, ein Balkon, an dessen Brüstung die kaiserliche Familie beim Fest dargestellt ist.

„Des Kaisers schwarze Manderln" sagen die Innsbrucker zu den Statuen um das Grab Maximilians in der Hofkirche. Sie stellen die von Conrad Peutinger zusammengestellte und teilweise fiktive Verwandtschaft des Kaisers dar. Die Arbeit an diesem Grabmal wurde erst drei Jahre zuvor begonnen und 1550 schließlich unvollendet beendet. Niemand wusste, wo es schließlich einmal stehen sollte. Es kam dann in die Hofkirche, aber Martin Luther und sein Gefährte konnten diese Kirche nicht sehen. Sie ist erst später erbaut werden. Und der Kaiser wurde auch nicht in diesem aufwändigen Grab bestattet, sondern in Wiener Neustadt. Das Einzige, was Martin Luther später von Innsbruck später zu berichten weiß, ist, dass die Häuser der Stadt alle die gleiche Höhe haben, so dass man den Eindruck hat, sie seien nur ein einziges lang gestrecktes Gebäude. Lange halten sie sich nicht auf, sondern ziehen weiter.

In der späteren Geschichte der Reformation kommt Innsbruck noch zweimal vor. Auf dem Wege von der Krönung in Bologna zum Augsburger Reichstag von 1530 hielt sich Karl V. in der Stadt auf. Selbstverständlich wohnte er in der Hofburg, die damals freilich noch anders als heute aussah. Hier starb am 5. Juni der Großkanzler Gattinara, der noch kurz vor seinem Tode die Kaiserkrönung Karls zustande gebracht hatte. Während 1551 die Verschwörung der Fürsten gegen ihn Karl V. vollen Gange war, beschäftigte er sich in Innsbruck mit der Frage seiner Nachfolge in Spanien, in Österreich und in Italien sowie mit den Fragen des Konzils. Da erfuhr er vom Einmarsch der verbündeten Fürsten in Augsburg. Er musste Innsbruck verlassen. In das unsichere Italien wollte er nicht ausweichen, zumal er auf der Seereise von dort nach Spanien den Osmanen in die Hände fallen könnte. Er beschloss, in die Niederlande zu ziehen, wobei er sich der damit verbundenen Gefahr durchaus bewusst war. Und tatsächlich kam er mit seinem kleinen Gefolge nicht weit. In Nassereith erfuhr er, dass Kurfürst Moritz von Sachsen Füssen bereits am 7. April besetzt hatte. So kehrte der Kaiser schleunigst nach Innsbruck zurück. Hier traf er sich mit seinem Bruder, dem König Ferdinand, versuchte auch noch ein Heer aufzustellen, aber die Verbündeten rückten bedrohlich auf Innsbruck vor. Kaiser und König flohen und nahmen den von ihnen gefangen gehaltenen ehemaligen Kurfürsten und nunmehrigen Herzog Johann Friedrich von Sachsen, sozusagen als Geisel, mit. Nun verhandelten Ferdinand und Moritz zunächst in Linz. Dann kam 1552 der Passauer Vertrag zustande, der schließlich 1555 zum Augsburger Religionsfrieden führte.

Auf der Straße, auf der Martin Luther und sein Gefährte zogen, bewegten sich Fuhrwerke, die mit Salz, Silber und Kupfer beladen sind. Das Salz kam aus Hall in Tirol, das Silber und das Kupfer aus Schwaz. Dort hatten die Fugger ein Kontor. Gerade das Kupfer musste Martin Luther, den Sohn eines Mansfelder Kupferbergmanns, interessieren. Sein Vater war damals schon kein einfacher Hauer mehr, sondern inzwischen Besitzer von Gruben und Hüttenfeuern, also Schmelzhütten. Natürlich wusste Martin Luther, wie die Bergwerksunternehmer von den großen Handelsgesellschaften abhängig waren. Sie waren auf deren Kredite angewiesen, und diese Gesellschaften bestimmten die Preise. Die Fugger spielten dabei eine beherrschende Rolle. Hier konnte Martin Luther, den Karl Marx später als den ersten deutschen Nationalökonomen bezeichnet hat, den Kupferhandel in Aktion sehen. Kupfer wurde überall gebraucht, für die Bronze der Glocken und der Kanonen, für die Scheidemünzen in aller Herren Länder und für Kessel aller Art wie für sonstiges Geschirr. Über all das herrschten die Fugger. Gegen dieses Monopol ziehen später Martin Luther und Ulrich von Hutten literarisch zu Felde. Als sich der Reichstag anschickt, die Monopole zu verbieten, wussten die Fugger und andere, dieses Verbot zu verhindern.

Der Weg durch Süddeutschland

Der Weg geht nun bergauf. In Seefeld nördlich von Innsbruck kennen die beiden Wanderer ein Augustinerkloster, wo sie übernachten können. Heute ist von diesem Kloster nichts mehr vorhanden. Dann geht es weiter über Mittenwald. Irgendwo in dieser Gegend übernachten sie noch einmal. Kann das berühmte Benediktinerkloster Ettal die nächste Station sein? Dann brauchen sie noch drei Tage, um über Peiting und Landsberg nach Augsburg zu gelangen. Dies ist der kürzeste Weg von Innsbruck nach Augsburg.

In Augsburg besucht Martin Luther Ursel Lamenit. Denn von ihr wird erzählt, sie ernähre sich nur von geweihten Hostien. Viele bestaunten das als ein Wunder, aber Martin Luther hat doch Bedenken. 1540 hat er von seinem Besuch bei ihr erzählt: „Das Lamenittel, Jungfrau Ursel zu Augsburg, wurde nicht betrogen, sonder betrog andere. Ich habe sie in Augsburg besucht und gefragt, ob sie denn nicht sterben wolle. Sie antwortete: Traun nein! Wie es dort zugeht, das weiß ich nicht; aber wie es hier zugeht, das weiß ich." Er warnt sie: „Ursel, schau nur, dass es recht zugehe!" Sie wird bald als Schwindlerin entlarvt werden. Sie hatte nämlich Pfefferkuchen in ihrer Schürze versteckt, von denen sie sich ernährte. Dank einer Fürsprache der bayerischen Herzogin kam sie mit einer milden Strafe davon. Sie wurde ausgewiesen und verließ mit einem jungen Gesellen, wie es hieß, die Stadt. Auch die 1500 Gulden, die sie insgesamt an milden Gaben bekommen hatte, soll sie mitgenommen haben.

Weiter führte der Weg Richtung Nürnberg, wo die beiden am vierten Tag nach ihrem Abschied von Augsburg ankommen. Die Wanderungen durch Bayern und Schwaben auf dem Hin- und Rückweg haben Martin Luther gefallen. Fünfundzwanzig Jahre später sagte er bei Tisch: „Wenn ich viel reisen sollte, wollte ich nirgends lieber als durch Schwaben und Bayern ziehen; sie sind nämlich die menschenfreundlichsten und gastfreundlich, sie gehen dem Ankömmling entgegen und geben reichlich für sein Geld. Die Hessen und die Meißner entsprechen denen irgendwie, sie nehmen aber ihr Geld wohl dafür. Sachsen ist geradezu unfreundlich, welche weder eine Sache noch Worte geben können, denn sie sagen: Lieber Gast, ich weiß nicht, was ich euch geben soll. Die Frau ist nicht daheim; ich kann euch nicht beherbergen. Ihr seht hier in Wittenberg, das unfreundliche Menschen hat, welche sich nicht um Sitten und Religion kümmern; denn keiner weiht seinen Sohn den Wissenschaften, obwohl sie das Beispiel der Zugezogenen sehen. Das Land erträgt es nicht." Dazu sei angemerkt, dass man mit „Meißnern" die meinte, die wir heutzutage „Sachsen" nennen, während unter „Sachsen" ungefähr das heutige Land Sachsen-Anhalt zu verstehen ist. Selbstverständlich hatten die beiden Abgesandten im Nürnberger Augustinerkloster Bericht zu erstatten, Bericht darüber, dass sie nichts ausrichten konnten.

Martin Luther und Rom

Nach allen Reiseerfahrungen hielt Martin Luther es auch später für sehr wichtig, in Rom gewesen zu sein. „Weil mich unser Herrgott in das scheußliche, hässliche Geschäft gebracht hat, wollte ich nicht 100 000 Gulden dafür nehmen, dass ich nicht Rom auch gesehen und gehört hätte," bemerkte er 1536 bei Tisch. „Ich wollte nicht viel Geld nehmen, dass ich in Rom nicht gewesen wäre. Ich würde es nicht glauben, wenn ich es nicht gesehen hätte. Denn dort gibt es so viel und schamlose Unfrömmigkeit und Bosheit, dass allda weder Gott noch Menschen, weder Sünde noch Schande geachtet wird. Das bezeugen alle Frommen, die dort gewesen sind, und alle Unfrommen, die schlechter aus Italien zurückgekommen sind. Der Hauptgrund meiner Reise nach Rom war der, dass ich eine ganze Beichte tun wollte, was von Jugend an geschehen ist und fromm werden, wie ich eine solche Beichte in Erfurt zweimal abgelegt hatte. Dann kam ich nach Rom zu höchst ungelehrten Menschen. Ach, lieber Herrgott, was sollen die Kardinäle wissen, die mit allen Pflichten und Regierungsangelegenheiten überhäuft sind? Es hat mit uns Mühe genug, die wir uns täglich bemühen und jede Stunde tätig sind," sagte er 1537.

Was Luther in Rom erreichen sollte, hatte er nicht erreicht. Was er selbst erreichen wollte, nämlich viel Ablass zu gewinnen, davon hat er später gar nichts gehalten. Aber gerade im Rückblick war es ihm wichtig, Rom gesehen, erlebt zu haben. Das war nämlich für ihn aus späterer, reformatorischer Sicht die Bestätigung für seine Absage an das Papsttum. Immerhin liest man in „Doktor Martinus Luther Augustiners Unterricht auf etliche Artikel, die ihm von seinen Abgönnern aufgelegt und zugemessen werden" aus dem Jahre 1519 noch: „ Dass die römische Kirche vor allen andern geehrt sei, ist kein Zweifel, denn daselbst haben Sankt Peter und Paul, 46 Päpste, dazu viel Tausend Märtyrer ihr Blut vergossen, die Hölle und Welt überwunden, dass man wohl begreifen mag, wie gar einen besonderen Augenmerk Gott auf dieselbe Kirche habe. Ob nun leider es zu Rom also steht, dass es wohl besser taugte, so ist doch dies und keine Ursache so groß noch mag sie werden, dass man sich von derselben Kirche reißen oder scheiden soll. Ja, je übler es da zugeht, umso mehr soll man ihr zulaufen und anhängen. Denn durch Abreißen oder Verachten wird es nicht besser (...) Was aber die Gewalt und Obrigkeit des römischen Stuhls vermag und wie weit sich dieselbe erstreckt, das lass die Gelehrten ausfechten, denn daran ist der Seelen Seligkeit gar nichts gelegen. Und Christus hat seine Kirche nicht auf äußerliche, scheinbare Gewalt und Obrigkeit oder einige zeitliche Dinge, die der Welt und dem Weltlichen gelassen sind, sondern auf die inwendige Liebe, Demut und Einigkeit gesetzt und gegründet." Er billigt also Rom durchaus den Vorrang vor allen anderen Kirchen zu, bezweifelt aber die theologische Rechtmäßigkeit der politischen Gewalt des Papstes.

Zu der Überzeugung, dass der Papst der Antichrist sei, kam Luther erst, nachdem man ihm den Bann angedroht hatte, ohne dasjenige, was er lehrte, an Hand der Schrift zu prüfen und mit ihm darüber zu disputieren, sondern ausschließlich seinen Widerruf und seine Unterwerfung zu fordern. Nachdem Luther von der Bulle, mit der ihm der Bann angedroht wurde, Kenntnis bekommen hatte, schrieb er am 11. Oktober 1520 an den Hofkaplan und Sekretär des Kurfürsten, Georg Spalatin: „Schon bin ich viel freier, endlich gewiss, dass der Papst der Antichrist ist."

Nachspiel

Im April 1511 traf Martin Luther in Erfurt ein und berichtete auch hier, dass er und sein Ordensbruder nichts ausrichten konnten. In Nürnberg hatte sein Bericht schon Aktivitäten des Rates der Stadt ausgelöst. Denn dieser war daran interessiert, dass die Agglomeration nicht zustande kam. In diesem Sinne hatte der Nürnberger Rat am 2. April an den Generaloberen der Augustiner-Eremiten geschrieben. Johann von Staupitz schien zu einem Kompromiss bereit zu sein. Im September traf er sich in Jena mit den Vertretern der acht widerspenstigen Konvente. Martin Luther vertrat dabei die Erfurter Brüder. Es kam zu einem Kompromiss, dem Jenaer Rezess, dessen genauer Inhalt nicht mehr bekannt ist. Martin Luther stimmte ihm zu, aber die Erfurter Brüder, außer Johannes Lang, lehnten ihn ab. Innerhalb von zwei Monaten sollten sich die renitenten Klöster entscheiden. Sie wandten sich an den Distriktsvikar Simon Kaiser, der zum Nordhäuser Konvent gehörte, mit einer Appellation, die dieser an den Papst weiterleiten sollte. Auch der Nürnberger Rat verweigerte die Zustimmung. Angesichts des Widerspruchs der meisten Erfurter Brüder wurde Martin Luthers und Johannes Langs Stellung im Erfurter Kloster unhaltbar. Deshalb holte von Staupitz die beiden nach Wittenberg, Johannes Lang für einige Zeit, Martin Luther endgültig.

REISEN IM ZEITALTER DER REFORMATION

Gerhard Simon

Wer sich in der ersten Hälfte des 16. Jahrhunderts auf mitteleuropäischen Straßen bewegte, brauchte dafür gewichtige Gründe. Urlaubs- und Erholungsreisen im heutigen Sinn kannte man nicht und damit auch nicht den Reiseverkehr, der alljährlich in mehreren Wellen über unseren Kontinent brandet. Doch es gab eine Vielzahl beruflich veranlasster Reisen, die jederzeit, allerdings mit hohem Aufwand und nicht ohne Gefahren für Besitz, Leib und Leben, durchgeführt werden konnten oder mussten. Fünf Gruppen sind es vor allem, die damals Straßen und Wege benutzten:

Die Studenten und Gelehrten der frühen Neuzeit, die nicht nur eine internationale, durch Briefkontakt verbundene Gemeinschaft darstellten, sondern auch durch häufigen Wechsel ihres Studienortes oder ihres Arbeitsplatzes ihr Wissen, ihre Erkenntnisse und Ideen mitnahmen und zur Diskussion stellten. Eine Untergruppe stellen Theologen und Mönche dar, die zum Teil eine rege Reisetätigkeit entfalteten. Denken wir an römische und reformatorische Visitatoren, päpstliche Nuntien, in Ordensangelegenheiten reisende Mönche, an Täufer, die regelrechte Missionsreisen unternahmen oder an Flüchtlinge, die wegen der kirchenpolitischen Entwicklungen ihr Leben fern der Heimat, gar im Ausland beenden mussten. Gelegentlich ist auf solchen Reisen Weltliteratur entstanden. Bei seinem Ritt von Italien in die Schweiz hat „Das Lob der Torheit" des Erasmus von Rotterdam im Juli 1509 auf dem Septimerpass erste Gestalt angenommen, die dann bei dem befreundeten Thomas Morus in England in die endgültige Form gebracht wurde. Zweifellos hat die Erhabenheit der Bergwelt rund um den heute nur noch von Wanderern genützten Pass zur gedanklichen Klarheit des Werkes beigetragen.

Die Gruppe der Pilger und Wallfahrer ist hiervon zu unterscheiden, da es sich dabei um Formen von Alltagsfrömmigkeit handelte, die in allen Gesellschaftsschichten praktiziert wurde. Die Wallfahrt zur „Schönen Maria" von Regensburg zog Abertausende an und zum Grab des Heiligen Jakob nach Compostella wird nicht erst in postmodernen Zeiten gewallfahrt.

Großen Anteil am Reiseaufkommen hatten auch diejenigen, die sprachgeschichtlich den Begriff gebildet haben: Die Reisigen oder Reisläufer. Reisen bedeutete „auf Kriegszug gehen", entweder als „Reisiger", das heißt als Reiter oder als „Reisläufer", als Soldat der Infanterie. Am Oberrhein hießen sie Raysbueben. Die Landsknechte des 16. Jahrhunderts bieten für die Kultur des Unterwegsseins reiches Anschauungsmaterial, einerseits wegen ihrer wechselnden Engagements durch Kriegsherren in unterschiedlichen Ländern, andererseits wegen ihrer bunten Biographien. Die Landsknechte rekrutierten sich nicht nur aus gesellschaftlichen Unterschichten, sondern zum großen Teil auch aus dem Bürgertum und dem Patriziat süddeutscher Reichsstädte und sogar aus dem Adel. Im Umkreis der Landsknechtsverbände bewegten sich auch Tross und Marketenderinnen mit ihren vielfältigen Dienstleistungen, die das Funktionieren so großer Menschengruppen erst möglich machten. Die Anreise der Knechte erfolgte allerdings individuell oder in Kleingruppen, wurden die Heere doch erst feindnah gemustert und zusammengestellt.

Schließlich markiert die beginnende Neuzeit durch neue Erfindungen, Techniken und Verfahren einen wirtschaftlichen Aufschwung, der sich in reger Handelstätigkeit niederschlug. Der Austausch reformatorischen Gedankenguts wäre bekanntlich ohne den bereits um 1450 erfundenen Buchdruck nicht möglich gewesen. Die Buchhändler, in der damaligen Zeit Buchführer genannt, transportierten ihre wertvolle Fracht in Fässern, der Vorform genormter Container. Manchmal hat die Lektüre dieser Bücher den Händler selbst zum Theologen gemacht, wie den Täuferführer Hans Hut. Frühindustrielle Massenfertigung von Gütern machte nicht nur die Herren der Handelshäuser reich, sondern brachte auch ein verbessertes und leistungsfähigeres Straßennetz mit sich. Die Bergbauerzeugnisse mussten verarbeitet und veredelt, die Endprodukte an die Käufer gebracht werden. Messen und Märkte stellten starke Anziehungspunkte dar, freilich auch für solche, die nicht in guter Absicht, sondern als Diebe oder Beutelschneider kamen.

Damit ist die letzte Gruppe von Fahrenden, ja Heimatlosen benannt, die Kriminellen. Räuber und Banden stellten ein großes Sicherheitsproblem für jeden Reisenden dar. Entweder handelte es sich dabei um noch nicht abgeurteilte junge Ersttäter oder um solche, die bereits einer Stadt, eines Territoriums oder Landes verwiesen worden und damit, oft körperlich gezeichnet, zu einem Leben außerhalb der Siedlungen gezwungen waren.

Als Teil der Alltagskultur gibt es nur wenige direkte Zeugnisse über die Reisen im Reformationszeitalter. Wenn aber ein Unglück oder ein Verbrechen geschehen wird, wenn eine Schlacht geschlagen oder eine verbotene Versammlung aufgelöst wurde, wenn von fremden, ungewohnten Verhältnissen berichtet wird, werden die Quellen lebendig. Es gibt sogar schon Reiseliteratur, in der die Geschichten, die man sich unterwegs im Reisewagen, dem „Rollwagen", erzählte, gesammelt sind: „Das Rollwagenbüchlin. Ein news, vor(her) unerhörtes Büchlein, darin viel guter Schwenck und Historien begriffen werden (enthalten sind), so man in Schiffen und auf den Rollwegen, desgleichen in Scherheusern und Badstuben zu langweiligen Zeiten erzellen mag, die schweren melancolischen Gemüt damit zu ermundern, von allen menigklich, sunder allen Anstoß zu lesen und hörent, allen Kauffleuten, so die Messen hin und wider brauchen, zu einer Kurzweil an Tag bracht und zusammengelesen durch Jörg Wickramen, Stadtschreiber zu Burkhaim, Anno 1555." Das Buch erlebte viele Auflagen und wurde ständig erweitert.

Trotz der vorgeblichen Unterhaltungsabsicht hat das Büchlein eine klare Botschaft. Es bezeugt den Kampf des aufstrebenden Bürgertums gegen den feudalen Geist des ausgehenden Mittelalters. Der Autor hält dem bürgerlichen Mittelstand einen Spiegel vor, damit er sich darin erkenne, über sich selbst lache und bessere. So bildet Reisen nicht nur durch die Besonderheiten der besuchten Orte, sondern durch die Moral der unterwegs erzählten und gehörten Geschichten. Es geht um Ehe und Kindererziehung, um Trunk- und Eifersucht, um Fluchen und Modetorheiten, Tauschgeschäfte und Wetten. Wie verkehren Bürger miteinander, wie soll man sich der Obrigkeit gegenüber verhalten? Welche Stellung kommt dem Rechtswesen zu? Das Reisen selbst wird am Beispiel von Wirtshäusern und Herbergen beschrieben und die Gefahren, die der Fernhandel mit sich bringt, werden geschildert.

Auch Sozialkritisches wird angemerkt: Wie die Edelleute als Raubritter die Landstraßen unsicher machen, wie die Bauern schikaniert werden, wie sich Hochmut und Prahlerei selbst entlarven. Wickram hat seine Geschichten nicht aus vorgefundenen Quellen geschöpft, sondern er hat sie dem Leben selbst abgelauscht. Er schreibt nicht nur, was er aus seiner städtischen Umgebung kennt, sondern auch was er von Bauern und Fuhrleuten, von Landfahrern und Landsknechten gehört hat. Dabei nennt er Tatsachen und Personen ebenso wie die Schauplätze, wo sich die Begebenheiten zugetragen haben.

Reisten Reformatoren zu Disputationen, Religionsgesprächen oder Reichstagen, so ritten sie gewöhnlich zu Pferd. Als Andreas Osiander im Auftrag des Nürnberger Rates am Reichstag von Augsburg 1530 teilnahm, bekam er Reisegeld und einen Pferdeknecht gestellt. Die Ankunft in Augsburg verzögerte sich deshalb, weil das Pferd lahmte und ausgetauscht werden musste. Die Abrechnung Osianders an den Rat ist noch erhalten. Auf dem Rückweg vom Marburger Religionsgespräch 1529 begleitete Osiander die Wittenberger reitend bis Schleiz, um erst dort nach Süden abzubiegen. Die Nachbesprechung der Erlebnisse, über die er einen detaillierten Bericht zusammenstellte, war zweifellos Thema der Unterhaltungen.

Zum Regensburger Reichstag von 1541 reiste Philipp Melanchthon im Wagen an, doch stürzte dieser um und der Reformator verletzte sich die Hand so schwer, dass er bleibende Schäden davontrug. Seither war seine Handschrift unbeholfen. Den behandelnden Ärzten machte er bittere Vorwürfe wegen ihrer Kunstfehler. Noch schlimmer traf es Luthers Witwe Katharina. Sie floh, nach Luthers Tod in wirtschaftliche Bedrängnis geraten, wegen zusätzlicher Pestgefahr und Missernten 1552 nach Torgau. Kurz vor der Stadt stürzte ihr Wagen um, sie brach sich einen Beckenknochen und starb an den Folgen dieser Verletzung wenige Wochen später.

Selbst ein hartgesottener Soldat konnte durch ein solches Unglück aus der Bahn geworfen werden. Marx Sittich Graf von Hohenems hatte mit seinem Bruder Jakob Hannibal an den letzten Kämpfen Kaiser Karls V. gegen Frankreich teilgenommen. Doch nicht die schwere Schädelverletzung, die er sich dabei 1555 vor Siena zuzog, sondern ein gefährlicher Kutschenunfall in Rom führte dazu, dass er seine steile militärische Laufbahn mit der geistlichen vertauschte. Er wurde Komtur des Ritterordens von Santiago und Kammerkleriker.

Gegen Ende des Jahrhunderts, 1597, lässt Francis Bacon in einem seiner Essays „Über das Reisen" eine neue Sicht erkennen. Die Bildungsreise zeichnet sich ab, wenn er formuliert: „Das Reisen dient in jüngeren Jahren der Erziehung, in reiferen der Erfahrung."

WALLFAHRTEN IM 16. JAHRHUNDERT UND HEUTE

Martin Bräuer

Seit dem 14. Jahrhundert ist der Begriff „Wallfahrt" nachgewiesen. Eine „Wallfahrt" liegt dann vor, wenn jemand aus einem in ihm selbst ruhenden, religiösen Motiv seine Gemeinde zum Besuch einer bestimmten heiligen Stätte mit der Absicht verlässt, um in seine Heimat zurückzukehren. Davon ist die „Pilgerfahrt" zu unterscheiden, die diese Absicht nicht zu haben braucht. Eine Rückkehr ist zwar nicht ausgeschlossen, aber auch nicht automatisch vorgesehen. Ein Wallfahrtswesen im engeren Sinn entsteht deshalb erst nach den Kreuzzügen.

Was wir im 16. Jahrhundert vorfinden, ist das Ergebnis eines tiefgreifenden Prozesses, welcher sich vom 11. bis zum 16. Jahrhundert vollzog. Im 11. Jahrhundert muss man noch von Pilgerfahrten sprechen, die vor allem Jerusalem und Santiago de Compostella als Ziele hatten. Als die Reisen nach Jerusalem auf dem Landweg erschwert wurden, wandelte sich die Pilgerfahrt durch den Aufruf Urbans II. in Clermont 1095 zum Kreuzzug. Ritter und Kämpfer verpflichteten sich bei ihrer Pilgerfahrt ins Heilige Land für die Befreiung des Landes aus der Hand der Ungläubigen zu kämpfen. Durch die Verbindung von Heidenkampf und Pilgerfahrt wurde die Reise ins Heilige Land zunehmend zu einer Sache ritterlich-adeliger Gruppen.

Diese Verbindung von Heidenkampf und Pilgerfahrt findet sich auch in den Zeiten der spanischen „Reconquista" für die Pilgerfahrt nach Santiago de Compostella, bei der Ritter sich verpflichteten, gegen die „ungläubigen Mauren" zu kämpfen. Im Mittelalter führte ein dichtes Netz von Pilgerstraßen durch ganz Europa zum Grab des heiligen Jakobus, sodass sich am Jakobsweg eigene überregionale Wallfahrten etablieren konnten. Da die Aufnahme eines Pilgers als Werk der Barmherzigkeit galt, entwickelten sich eigens für die Pilger Hospize zur Übernachtung und medizinische Einrichtungen.

An zweiter Stelle in Alter und Bedeutung standen immer die Pilgerzüge zu den Gräbern der Apostel Petrus und Paulus. Die große Petrusverehrung nördlich der Alpen führte daher schon sehr früh einzelne Pilger und Pilgergruppen nach Rom. Dies brach zwar nie ab, doch wurde Rom erst durch die Ausrufung des 1. Heiligen Jahres im Jahre 1300 der zentrale Wallfahrtsort des Abendlandes. An der Pilgerstraße nach Rom entwickkelten sich, wie auch beim Jakobsweg, eine Vielzahl regionaler Wallfahrtsorte mit zunehmend überregionaler Bedeutung.

Erst ab dem 14. Jahrhundert kann man von Wallfahrten im oben genannten Sinne sprechen. Da durch die Kreuzfahrer viele heilige Gegenstände und Reliquien in das Abendland gebracht worden waren, konnten Wallfahrten zu Reliquien aus dem Leben Jesu beginnen, sodass sich der Schwerpunkt geistlichen Reisens allmählich in den alltäglichen Lebensraum verlagerte. Bevorzugte Ziele waren Wallfahrten zum Heiligen Rock nach Trier, zu den Heiligtümern nach Aachen aber auch nach Köln zum Dreikönigsschrein. Auch an den Gräbern beliebter Heiliger, wie Franz von Assisi, Antonius von Padua und Elisabeth von Thüringen entstanden neue Wallfahrtszentren.

Zwischen dem 12. und dem 15. Jahrhundert häuften sich die Legenden von der wundertätigen Wirkung bestimmter Orte, an denen vermeintlich göttliche Gnadenerweise geschahen. Dies führte zu einem Anwachsen von neuen Wallfahrtszentren. In diesem Zuge entstanden Wallfahrtsorte, wo wie etwa in Brügge in Flandern oder in Walldürn im Odenwald eine blutende Hostie verehrt wurde.

Geradezu revolutionär für das Wallfahrtswesen wirkte sich der Umstand aus, dass ab 1300 nun auch Bilder in der Lage waren, solche Wunder hervorzubringen, so dass praktisch an jedem Ort eine Gnadenstätte entstehen konnte. Nicht mehr die Gräber von Heiligen, Sammlungen von Reliquien oder wundertätige Hostien, sondern Gnadenbilder – meist Marienbilder, aber auch Bilder der Vierzehn Nothelfer als einer Gruppe von Heiligen – lösten fortan das überregionale Zusammenströmen von Gläubigen aus. Diese Gnadenbildverehrung wurde seit dem 14. Jahrhundert zur alles beherrschenden Erscheinung im Wallfahrtskult und drückt ihm bis in unsere Zeit einen prägenden Stempel auf.

Für den spätmittelalterlichen Menschen, der unter einer großen Heilsunsicherheit litt, war die Buße das Hauptmotiv für eine Wallfahrt. Schon länger wurden Menschen, die als schwere Sünder galten, wie Verbrechern und anderen Straftätern, eine Bußwallfahrt zur Sühne aufgegeben. Die Sünder hatten nicht kurze Wallfahrten abzuleisten, sondern große Pilgerfahrten nach Jerusalem, Rom oder Santiago. In den Zeiten der Kreuzzüge wurde diese Pilgerbuße oft mit einer Verpflichtung zur Verteidigung der heiligen Stätten versehen. Nach Ableistung der Bußfahrt war der Pilger, später der Wallfahrer, seiner Schuld ledig und wurde wieder in die Gesellschaft aufgenommen.

Aus der Möglichkeit, sich bei dieser Form von Wallfahrt vertreten zu lassen, entwickelte sich der Ablass. So wurde seit dem Ende des 13. Jahrhunderts die Gewinnung eines Ablasses zu einem der wichtigsten Motive einer Wallfahrt. Für das 1. Heilige Jahr 1300 wurde ein eigener Ablass ausgeschrieben, der jedem einen vollkommenen Ablass gewährte, der in diesem Jubiläumsjahr nach Rom pilgerte, dort eine Anzahl von Kirchen besuchte und in ihnen betete. Im zeitlichen Umfeld der ersten römischen Jubiläumsjahre, die zunächst alle hundert Jahre ausgeschrieben wurden, gelang es einer Reihe von Kirchen ähnliche Ablassfeiern zu propagieren wie Portiuncula bei Assisi, Santiago de Compostella oder auch Aachen. Daraus erfolgte bei vielen Wallfahrtsorten die Konzentration auf bestimmte Tage im Jahr, an denen der Ablass erworben werden konnte.

In unserer Zeit erfreuen sich Wallfahrten und Pilgerfahrten einer steigenden Beliebtheit. An den Wallfahrtsorten kann man auf aktuellen Votivtafeln oder -kerzen lesen, dass sich viele Menschen aufgrund eines bestimmten Anliegens, wie eines Genesungswunsches, auf den Weg zu einem Wallfahrtsort machen. Aber auch traditionelle Wallfahrten sind wieder neu belebt worden. Großen Zuspruchs erfreuen sich Fußwallfahrten einzelner Pfarreien an bestimmte Orte wie Walldürn oder Altötting. Häufig als Dankwallfahrten für das Überstehen von Pest oder Kriegsereignissen entstanden, verstehen sie sich heute oft als Ausdruck des „wandernden Gottesvolkes", welches gemeinsam unterwegs ist und Gemeinschaft miteinander erlebt. Wallfahrten waren und sind Laienbewegungen und manche traditionelle Fußwallfahrt einer Pfarrei wurde gegen den Widerstand des Klerus durchgeführt.

Das Wallfahrtswesen des 21. Jahrhunderts ist durch Professionalisierung gekennzeichnet. Kirchliche Einrichtungen und Reisebüros organisieren Pilgerfahrten zu den genannten, großen, internationalen Pilgerstätten, aber auch zu den im 19. und 20. Jahrhundert entstandenen Marienwallfahrtsstätten Lourdes und Fatima. Dabei verzeichnen Wallfahrten wie die nach Santiago de Compostella eine stetig wachsende Pilgerschar. Die Formen und Zielgruppen haben sich geändert, es werden Wallfahrten für Rad- und Motorradfahrer, für Kinder, Familien, Jugendliche, Frauen und Männer, Senioren und Kranke angeboten.

War im 16. Jahrhundert die Buße das vorherrschende Motiv der Wallfahrer, so suchen Wallfahrer heute erlebbare Gemeinschaft mit Christen oder neue Zugänge zu einem vertieften christlichen Leben. Für die „modernen Pilger" bedeutet Wallfahren ein Aus- und Aufbrechen: Ausbrechen aus den Zwängen der modernen Gesellschaft und aufbrechen an einen Ort oder zu einem Menschen, wo man sich wohl fühlt und seelische Kraft aufnehmen kann.

DER ABLASSHANDEL

Paul Metzger

Als Martin Luther erfährt, dass Wittenberger Bürger in das nahe Erzbistum Magdeburg reisen, um dort einen Ablass zu erwerben, sieht er das Sakrament der Buße in Gefahr. Der Dominikaner Johann Tetzel verkauft dort einen Ablass, der zum Teil den Bau des Petersdoms in Rom finanzieren soll. Luther reagiert darauf mit den berühmten 95 Thesen von 1517.

Bemerkenswert ist an diesem Vorgang, dass Luther nicht einfach den Umgang mit dem Ablass kritisiert, sondern nach dessen theologischer Einzeichnung in den Rahmen der Buße fragt. Um dies nachvollziehen zu können, muss kurz das Verständnis des Ablasses erläutert werden.

Thomas von Aquin (1225-1274) gilt neben Hugo von St. Cher (1190-1263) als derjenige, der die Praxis des Ablasses, der aus der Bußpraxis der mittelalterlichen Kirche entstanden sein dürfte, theologisch fundiert hat. Während in der Alten Kirche ein Sünder erst Genugtuung leisten, also eine von der Kirche verhängte Strafe akzeptieren musste, bevor er in die Gemeinschaft der Gemeinde wieder aufgenommen werden konnte, hatte sich dies im Laufe der Bußpraxis verändert. Nun kann die Kirche kraft eigener Autorität auch Strafen vor Gott erlassen. Dies bedarf der Begründung.

Vor dem Hintergrund der Überzeugung, dass jede Sünde den Menschen von Gott trennt und eine der Sünde innenwohnende Strafe nach sich zieht, formuliert Thomas seine Antwort. Die Strafe für eine bestimmte Sünde besteht je nach Grad der Sünde entweder aus dem ewigen Tod in der Hölle („Todsünde"; vgl. KKK 1861) oder kann, sofern nicht schon zu Lebzeiten abgegolten, im „Purgatorium" erlitten werden („zeitliche Sündenstrafe"; vgl. KKK 1472f). Das „Fegefeuer" macht den Menschen dann wieder rein vor Gott. Mit einer Genugtuung, einer Bußleistung, kann der Mensch aber durch das Sakrament der Buße diese Strafe abwenden. Wie gelingt dies aber, wenn die Absolution bereits erteilt wird, ohne dass der Sünder Buße „geleistet" hat?

Die Antwort des Thomas lautet: Die Kirche kann Sündenstrafen erlassen, weil sie einen Schatz an guten Werken (vgl. Mt

6,20), den sogenannten „Thesaurus ecclesiae", besitzt. Die bereits durch Christus und die Heiligen erworbene, „überschüssige" Genugtuung kann sie dem Sünder vorauslaufend anrechnen und ihm somit den Ablass seiner Strafen zusprechen.

Zur katholische Lehre erhebt Clemens VI. diesen Gedanken, indem er (in der Jubiläumsbulle „Unigenitus Dei Filius" vom 27. Januar 1343) den Schatz der Kirche durch den Opfertod Christi begründet sieht und erklärt: „Diesen Schatz nun … hat er zur heilsamen Austeilung an die Gläubigen durch den seligen Petrus ... und dessen Nachfolger ... hinterlassen..." (DH 1026). Die Autorität der Kirche verbürgt damit die Wirksamkeit des Ablasses.

An der Lehre vom Schatz der Kirche setzt Luthers Kritik an. Er definiert ihn anders und entzieht damit der theologischen Begründung des Ablasses den Boden: „Der wahre Schatz der Kirche ist das allerheiligste Evangelium von der Herrlichkeit und Gnade Gottes." (These 62 von 1517)

Somit bekämpft er die im Volksglauben vorhandene falsche Sicherheit, die mit dem Ablass in Verbindung steht und die sich mit dem Begriff der „Tarifbuße" kennzeichnen lässt. Durch Berechenbarkeit einer Sühneleistung und deren Überführung in eine finanzielle Leistung ist nach Luther der Aufruf Jesu zur Buße pervertiert. Wenn ein Mensch als Sühne nicht mehr eine Wallfahrt wie die nach Rom unternimmt, sondern lediglich die Kosten, die er dafür veranschlagt, an die Kirche übergibt, hat er damit in Luthers Augen keine wahre Buße und Reue gezeigt. Deshalb dringt Luther in seiner ersten These von 1517 darauf, dass „das ganze Leben der Gläubigen Buße sein sollte".

Durch den Ablass entsteht für Luther demnach der Eindruck, dass durch den Erlass der Sündenstrafen die Kirche anstelle Christi über die Aufnahme des Sünders in die Gottesgemeinschaft entscheidet. Von daher verschiebt sich das Problem von dem Anlass „Ablass" auf die grundsätzliche Frage nach der Macht der Kirche und des Papstes: Inwiefern die Kirche dazu berechtigt ist, dem Menschen vor Gott seine Sündenstrafen zu erlassen. Besieht man diesen Problemhorizont, kann es kein Zufall sein, dass die Frage nach dem Ablass den Auftakt für die grundsätzliche Infragestellung der mittelalterlichen Kirche bildet.

Die Autorität der Kirche, und damit die des Ablasses, verteidigt das Konzil von Trient gegenüber der reformatorischen

Kritik, wenn es in seinem „Dekret über die Ablässe" (1563) betont: „Da der Kirche von Christus die Vollmacht zugestanden wurde, Ablässe zu gewähren, und jene diese ihr von Gott übertragene Vollmacht auch in ältesten Zeiten gebrauchte, so lehrt und gebietet das hochheilige Konzil, dass der Gebrauch von Ablässen, der für das christliche Volk äußerst heilsam und durch die Autorität der heiligen Konzilien gebilligt ist, in der Kirche beibehalten werden soll." (DH 1835) Allerdings ruft das Konzil angesichts der Entgleisungen, die zum Ausbruch der Reformation führten, zur „Mäßigung" auf und fordert die „Missstände" zu beenden, die den „Häretikern" Anlass gaben, den Ablass zu diskreditieren.

Damit zeigt sich bereits im Übergang zum konfessionalistischen Zeitalter, dass der Ablass im Verhältnis von römisch-katholischer Kirche und den aus der Reformation erwachsenden Kirchen eine Belastung darstellt.

Gegenwärtig scheint es so, dass dieses Konfliktfeld kaum noch offen traktiert wird, was sicherlich damit zusammenhängt, dass auch unter römisch-katholischen Christen, zumindest unter denen in Deutschland, das Wissen um den Ablass offensichtlich geschwunden ist. Dies ist wahrscheinlich dem 2. Vatikanischen Konzil geschuldet, das den Ablass nicht als eigenes Thema behandelt hat.

Richtig zum Tragen kommt der Gedanke des Ablasses erst wieder im Nachgang des Konzils mit der Apostolischen Konstitution „Indulgentiarum doctrina" vom 1. Januar 1967. Papst Paul VI. legt darin die bis heute maßgebliche Definition des Ablasses vor: „Der Ablass ist Erlass einer zeitlichen Strafe vor Gott für Sünden, die hinsichtlich der Schuld schon getilgt sind. Ihn erlangt der Christgläubige, der recht bereitet ist, unter genau bestimmten Bedingungen durch die Hilfe der Kirche, die als Dienerin der Erlösung den Schatz der Genugtuungen Christi und der Heiligen autoritativ austeilt und zuwendet." (ID 1) Diese Regelung gilt dabei nicht nur für lebende Gläubige, sondern auch durch Fürbitte für bereits Verstorbene, wie Papst Johannes Paul II. in seiner Verkündigungsbulle „Incarnationis mysterium" anlässlich des großen Jubiläums des Jahres 2000 bestätigte, indem er für den „mystischen Leib Christi" einen „Jubiläumsablass" in Aussicht gestellt hat.

Für die evangelische Theologie stellt der Ablass im Hinblick auf die skizzierte Haltung der römisch-katholischen Kirche eine bleibende Herausforderung dar. Wenn gesehen wird, dass der Ablass der Sündenstrafe die Sündenvergebung durch das Sakrament der Buße voraussetzt und in dieser Linie geradezu als Hilfsmittel der Buße zu verstehen ist, dann mildert dies das protestantische Unbehagen am Ablass ein wenig. Zu fragen ist aber dann, ob jemand, der ernsthaft bereut und Buße tut, sich überhaupt wünschen kann, die Zeit seiner Aufarbeitung zu verkürzen, also einen Ablass in Anspruch nehmen würde.

Entschärft wird das Thema durch die Einsicht, dass der Ablass in erster Linie ein Element der Frömmigkeit darstellt und faktisch, zumindest in Deutschland, kaum noch im persönlichen Glauben des römisch-katholischen Christen verankert sein dürfte. Dass die römisch-katholische Kirche aber weiterhin darauf besteht, nicht nur mit dem Sünder um den Nachlass seiner Strafen zu beten (Karl Rahner), sondern darauf insistiert, den Schatz der Kirche „autoritativ" zu verwalten und so buchstäblich bis ins Jenseits hinein zu regieren, bleibt im ökumenischen Gespräch eine Belastung.

KLÖSTER UND ORDEN
IM 16. JAHRHUNDERT UND HEUTE

Martin Bräuer

Die Klosterlandschaft an der Schwelle zur Neuzeit bietet ein vielfältiges Bild. Da sind zunächst die großen Abteien und Stifte des benediktinischen Mönchstums, welche im Mittelalter zentraler Bestandteil der Gesellschaft waren und damit in das mittelalterliche Feudalsystem als Zentren von Bildung und Kultur eingebunden.

Es begegnen uns sodann Klöster der Zisterzienser, einem Reformzweig des benediktinischen Mönchstums, welcher als Kolonialisationsorden bisher unerschlossene Gebiete kultiviert und sich zum bedeutenden Wirtschaftsfaktor entwickelt hatte.

Weiterhin gab es eine Fülle von sogenannten „regulierten" Kanonikerstiften, also nach der Augustinusregel lebende Klerikergemeinschaften an Dom- und Stiftskirchen, die in ihrer Lebensweise eine große Bandbreite aufwiesen. Nach der Augustinusregel leben auch die Prämonstratenser, ein im 13. Jahrhundert entstandener Chorherrenorden.

Weiter finden wir die Bettelorden vor, welche seit dem 13. Jahrhundert entstanden waren. Sie stellen eine Reaktion auf die sozialen Spannungen in der hochmittelalterlichen Gesellschaft dar, die von einer wachsenden Bedeutung der Städte und den Umbrüchen der entstehenden Geldwirtschaft geprägt war. Die bekanntesten Bettelorden sind die Dominikaner und die Franziskaner, deren Leben sich nicht in der Abgeschiedenheit der Klöster, sondern in den Städten und mitten unter der Bevölkerung abspielte. Die Aufgabe der Bettelorden war die Predigt, die Lehre an den Universitäten und die Seelsorge. Bei der Ketzerverfolgung und Inquisition sind vor allem Dominikaner, aber auch Franziskaner tätig. Zu den Bettelorden gehören auch die Mitte des 13. Jahrhundert aus norditalienischen Mendikantengruppen entstandenen Augustiner-Eremiten, der Orden Martin Luthers.

Neben diesen Hauptströmungen gibt es aber auch geistliche Ritterorden, Hospitalorden und weiter viele kleine Orden wie Pauliner, Birgitten und andere. Weiter gab es Häuser der Brü-

der vom gemeinsamen Leben („Kugelherren") und viele Begi-
nen- und Begardenhöfe, Diese waren Gemeinschaften von
Frauen, die neben gemeinsamer geistlicher Lebensführung
auch sozial-karitativ tätig waren, aber keinem Kloster oder Orden unterstanden.

Das Klosterleben an der Schwelle zur Neuzeit war insgesamt
geprägt durch Verfallserscheinungen und wirtschaftlichen Nie-
dergang der Klöster. Es fehlte in dieser Zeit des tief greifenden
religiösen, kirchenpolitischen und sozialen Wandels offenbar
die Kraft zu neuen, die gesamte christliche Welt erfassenden
Impulsen, wie es beispielsweise im 12. Jahrhundert die Gründung des Zisterzienser- und Prämonstratenserordens und im
13. Jahrhundert das Aufkommen der Bettelorden gewesen waren. Äußere Faktoren wie die Pest, Hungersnöte und starker
Bevölkerungsrückgang seit der Mitte des 14. Jahrhundert ver-
hinderten einen weiteren Aufschwung und eine Zunahme der
Neugründungen. Aber auch innerhalb der einzelnen Klöster
häuften sich Zerfallserscheinungen im religiösen, organisatori-
schen und wirtschaftlichen Bereich.

Seit dem Ende des 14. Jahrhundert gab es vielfältige Versuche zu Reformen und Neuansätzen. Neben Orden und geistlichen Gemeinschaften, die wie die Kartäuser, die Karmeliter
oder die Brüder vom gemeinsamen Leben einen – wenn auch
begrenzten – Aufschwung nahmen, traten innerhalb der älteren Orden Reformgruppen, die von einzelnen Klöstern aus-
gingen und eine größere Zahl reformierter Konvente zu festen
Verbänden zusammenschlossen. Die bekanntesten unter ihnen
waren im deutschsprachigen Raum die Bursfelder Kongregation innerhalb des Benediktinerordens und die Windesheimer
Kongregation bei den regulierten Augustiner-Chorherren.
Diese Neuansätze blieben jedoch zahlenmäßig beschränkt und
konnten die tiefen Erschütterungen nicht verhindern, die das
16. Jahrhundert für das Ordenswesen brachte.

Bei den Bettelorden führten die Reformen zu Zusammen-
schlüssen der auf strenge Befolgung der Regel und Konstitutionen bedachten Konvente. Diese entzogen sich der Provinz-
organisation und führten unter Leitung der von der Ordens-
spitze direkt eingesetzten und dieser unterstellten Vikare ein
strengeres Ordensleben als die im Provinzverband verbliebenen
Konvente. Dies führte zu einer weiteren Differenzierung der
Ordenslandschaft. So gab 1517 Papst Leo X. die endgültige

Trennung der Erben Franz von Assisis in Minoriten und Franziskaner bekannt. 1537 bildete sich aus dem franziskanischen Zweig noch der Kapuzinerorden.

Die Reformation war nicht nur die größte Zäsur in der Geschichte des abendländischen Christentums, sondern auch in der Geschichte der Orden. Die folgenden Jahrhunderte standen ganz im Zeichen der Konfrontation der Konfessionen. Für viele Klöster und Stifte wurde dieses Zeitalter zum Überlebenskampf,

Um die Zeit des Konzils von Trient und danach entstanden aber auch zahlreiche neue Orden und Kongregationen, von denen der Jesuitenorden der bekannteste ist. Die Jesuiten waren ein Orden neuen Typs, straff organisiert, hoch gebildet und mobil einsetzbar. Als erster Orden agierten sie weltweit – bereits 1542 finden wir sie in Indien.

Nachhaltig änderte sich die Ordenslandschaft im 19. Jahrhundert. Jetzt entstehen viele neue Orden und Kongregationen. Zu ihnen gehören die Salesianer Don Boscos, verschiedene Missionsorden wie die Steyler Missonare oder die weißen Väter und viele weibliche Kongregationen, die sich der Krankenpflege oder Schulbildung für Mädchen verpflichtet sahen.

Auch im 20. Jahrhundert entstanden neue Orden. Zu ihnen gehören die von Mutter Theresa gegründeten „Missionarinnen der Nächstenliebe" ein Orden, in welchem heute weltweit über 3000 Schwestern tätig sind. Daneben werden weitere Formen kommunitären Zusammenlebens wie die Säkularinstitute oder die neuen geistlichen Bewegungen wie Focolarini, Communione e Liberatione und das höchst umstrittene Opus Dei entwickelt.

Das Ordensleben heute unterliegt einem starken Umbruch. Dies ist zunächst die Folge der Umwälzungen, die nach dem 2. Vatikanischen Konzil vonstatten gingen. In den Konventen und auf den Generalkapiteln wurde heftig gestritten, wie denn eine auf dem Konzil anvisierte Umgestaltung und Anpassung des Ordenslebens an die Gegenwart aussehen könnte. Die Konflikte um Tradition und Moderne hatten daher viele Austritte aus klösterlichen Gemeinschaften zur Folge.

In den westlichen Ländern führt der Nachwuchsmangel zur Beendigung verschiedener Aufgabenfelder und die Aufgabe von Häusern. Momentan leben in Deutschland noch etwa 22.000 Ordensfrauen, weltweit gibt es noch ungefähr 753.000. In den

Niederlassungen der Männerorden leben in Deutschland zur Zeit etwa 5000 Ordensmänner, weltweit gibt es rund 136.000 Ordenspriester und ungefähr 55.500 Ordensbrüder.

Die Welt der Klöster als Räume der Stille und Einkehr übt aber dennoch auf die Menschen der Gegenwart eine starke Anziehungskraft aus. Angesichts der Verunsicherung der modernen Gesellschaft, der Hektik des Wirtschaftslebens und den Herausforderungen an die individuelle Lebensgestaltung bieten sie für manche einen Fluchtpunkt der Selbstbesinnung und Ruhe. Viele Klöster eröffnen daher Laien die Möglichkeit zur Einkehr oder zum „Kloster auf Zeit". Auch die Mitwirkung an karitativen Aktivitäten der Orden in aller Welt ist möglich. So versuchen die Orden und Gemeinschaften, Tradition und Moderne zu verbinden und sich einen festen Platz in der Gesellschaft des 21. Jahrhunderte zu sichern.

ROM UND DAS PAPSTTUM

Walter Fleischmann-Bisten

Nach Pressemeldungen sind am 22. August 2010 fünf Pilger vom Erfurter Augustinerkloster Richtung Rom gestartet. Die Initiative ging von lutherischen Theologen aus Straßburg aus. Auf Luthers Spuren von 1510/1511 wollten sie Ende Oktober Rom zu Fuß erreichen. Letztes Ziel seien dort die Gräber der Apostel Petrus und Paulus. Ob sie diese wirklich finden werden? Was man heute historisch exakt über Aufenthalt und Tod des Simon Petrus sagen kann, bezieht sich auf eine Mischung aus Berichten des Neuen Testaments und außerbiblischen Quellen.

Petrus teilte sich von an Anfang an die Gemeindeleitung in Jerusalem und zählte zu deren drei Säulen. Er war zu Missionsreisen unterwegs und seine Spuren verlieren sich bald. Nach dem Römerbrief des Paulus, dem 1. Clemensbrief (Schreiben eines römischen Presbyters nach Korinth) und den „Annalen" des Tacitus kann man mit einiger Sicherheit sagen: Petrus gelangte nach Rom und könnte dort im Zuge der Neronischen Christenverfolgung um 64. n. Chr. in den Vatikanischen Gärten gekreuzigt worden sein. Ob es sich bei einem in der Mitte des 20. Jahrhunderts auf dem Vatikan archäologisch gesicherten Erdgrab um das des Petrus handelt, lässt sich nicht beweisen. Der Apostel Paulus ist nach dem Bericht der Apostelgeschichte als Gefangener nach Rom gekommen und dürfte nach Hinweisen im 1. Clemensbrief dort auch umgekommen sein. Auch neuere Ausgrabungen konnten auch sein Grab nicht ausfindig machen.

Wie dem auch sei: Die Frage, ob Jesus den Simon Petrus mit päpstlichen Vollmachten ausgestattet hat, wird heute auch von römisch-katholischen Theologen als anachronistisch erkannt. Der Fischer vom See Genezareth war kein Papst. Das frühe Christentum kennt keinen gesamtchristlichen Petrusdienst oder gar einen universellen Primatsanspruch, allenfalls eine Art „petrinischer Funktion" der Verantwortung für die Weitergabe des Glaubens.

Der strittige Punkt in der ökumenischen Bewertung der Petrustradition für das spätere Papsttum ist die römisch-katholi-

sche Auffassung von einer personalen Nachfolge, der sogenannten Felsenfunktion. Die Auslegung von Matthäus 16,18
ff. kann jedenfalls in keiner Weise den Machtanspruch und die
Machtfülle rechtfertigen, die sich schon relativ bald in Rom
entwickelten, aber keine Anerkennung fanden. Seit etwa 250
n. Chr. versuchten römische Bischöfe mit ihrer Auslegung von
Bibeltexten zu begründen, dass sie als direkte Nachfolger des
Petrus einen umfassenden Führungsanspruch hätten.

Nicht einmal die besondere Form eines monarchischen Bi-
schofsamtes ist für die frühe Christenheit in Rom nachweisbar.
Theologische Kontroversen wurden durch Synoden auf loka-
ler Ebene und durch Konzile auf gesamtkirchlicher Ebene ent-
schieden. Doch schon Papst Leo I. (440-461) setzte sich dafür
ein, dass er als Nachfolger und „Stellvertreter des Petrus" die
Gesamtkirche zu leiten habe. Und mit Gregor I. (590-604),
der sich „Diener der Diener Gottes" nannte, erlangte das Papsttum infolge der Verbindung mit dem romtreuen Mönch Bo-
nifatius durch die Mission der Angelsachsen und Germanen
neue Machtbefugnisse. Das Bündnis Roms mit dem fränki-
schen Königtum führte im 8. Jahrhundert zur Entstehung eines Kirchenstaates, der bis 1870 bestand. Im gesamten ersten
Jahrtausend war der römische Bischof jedenfalls nicht die Autorität, welche die Einheit im Glauben und in den kirchlichen
Strukturen bewahren konnte, sondern das gerade Gegenteil.

Das Hochmittelalter spiegelt durch den Investiturstreit die
Konflikte zwischen dem deutschen Kaisertum und dem römischen Papsttum, dessen geistlich-theologische Leitungsaufga-
ben durch ein dezidiert machtpolitisches Interesse blockiert waren. Mit der Schaffung der Inquisition wurde 1231 ein ge-
fürchtetes Instrumentarium zur Bekämpfung aller angeblichen
Ketzereien und Häresien geschaffen. Tausende von biblisch ori-
entierten Christen wie Hussiten und Waldenser wurden blutig
verfolgt.

Die sogenannten Reformkonzilien des 15. Jahrhunderts hatten
sich drei Themen gestellt, deren wichtigstes die Reformation
der Kirche „an Haupt und Gliedern" war. Dazu zählte vor allem eine Reform des Papsttums. Der erste Schritt nach dem
„Großen Abendländischen Schisma" (1378-1417) war die Ab-
schaffung zweier Päpste in Avignon und Rom. Seither hat es
keine Gegenpäpste mehr gegeben. Der zweite Schritt war mit
der Verbrennung von Jan Hus 1415 die Verurteilung vorrefor-

matorischer Forderungen. Schließlich siegte Rom trotz eines anders lautenden Beschlusses des Konstanzer Konzils in der Frage der höchsten Zuständigkeit (Papst oder Konzilien). Papst Leo X. (1513-1521) konnte einhundert Jahre später ungehindert feststellen, dass allein der Bischof von Rom kraft der ihm eigenen Autorität über die Konzilien die Vollmacht habe, diese einzuberufen, zu verlegen und aufzulösen. Auf ein solches Papsttum hatte die Reformation des 16. Jahrhunderts zu reagieren.

Luther selbst ist keinem der neun Päpste von Sixtus IV. bis Paul III. begegnet, die während seines Lebens regierten. In seinem Leben hat er nur zu zwei direkten Papstvertretern näheren Kontakt gehabt, 1518 und 1535. Nach dem Verhör mit dem Legaten Thomas Cajetan in Augsburg musste er heimlich fliehen, um nicht verhaftet oder gar verbrannt zu werden. Und der Nuntius Paolo Vergerio schloss sich der Reformation an. Der Theologe Johann Eck entlockte Luther bei der Leipziger Disputation 1519 die Behauptung, dass Päpste und Konzile irren könnten und schon geirrt haben.

Das Papsttum selbst stellte Luther noch nicht in Frage und kritisierte es auch nicht wegen der Lebensführung der Päpste. Aber bei der Frage nach der Überordnung des Papstes über die Heilige Schrift ging es für Luther ums Ganze. Deshalb ist erst ab 1520 die von Luther festgestellte Sicht des Papstes als Antichrist erkennbar. Melanchthon hat in einer Abhandlung, die als Anhang zur Augsburgischen Konfession von 1530 zählt, ausdrücklich drei Grundfesten des Papsttums verworfen: Der Vollmachtsanspruch des Papstes sei göttlichen Rechts, die Oberhoheit des Papstes über die weltliche Gewalt und die Heilsnotwendigkeit beider Ansprüche. Innerhalb weniger Jahrzehnte wandte sich fast halb Europa von der Oberhoheit des Papstes ab. Die Reformen des Konzils von Trient (1545-1563) führten unter anderem zu einer Überbetonung des hierarchischen Amtes, die in einer zunehmenden Machtfülle des Papsttums gipfelte.

Nach dem Wiener Kongress (1815) galt das Papsttum als Hort verbindlicher Religiosität, obwohl die Päpste bis zu Beginn des 20. Jahrhunderts die enormen Entwicklungen in allen gesellschaftlichen Bereichen verkannt haben. Unter Pius IX. (1846-1878) wurden Weichenstellungen vollzogen, die angesichts des drohenden Endes des Kirchenstaates katholische Geschlossenheit und römischen Zentralismus demonstrierten. So wurden 1864 insgesamt 80 Hauptirrtümer aufgelistet, denen Rom den Kampf angesagt hatte. Verworfen wurden alle Lehren, die eine Vorrangstellung der katholischen Kirche gegen Regierungen, Wissenschaft und Gewissen in Frage stellen. Mit unklaren Mehrheitsverhältnissen hat dann das I. Vatikanische Konzil (1869/70) die lehramtliche Unfehlbarkeit des Papstes und dessen Vorrang in Rechtsfragen zum Dogma erhoben. Unter Pius XI. (1922-1939) konnte der römische Einfluss durch zahlreiche Konkordate, u.a. auch mit der Regierung Hitlers, gestärkt werden. Wegen fehlender Freigabe aller Akten durch den Vatikan ist bis heute die Rolle Pius' XII. (1939-1958) im Zusammenhang des Holocausts umstritten. Die „Lateranverträge" von 1929 sicherten einen souveränen neuen Kirchenstaat.

Das unter Johannes XXIII. (1958-1963) einberufene II. Vatikanische Konzil leitete längst fällige Reformen ein, etwa die Feier einer veränderten Liturgie in der Landesprache, die Bedeutung der Bibel, die Stellung der Bischöfe, die Akzeptanz der Religionsfreiheit und vor allem die Öffnung zu ökumenischen Dialogen. Dennoch bestätigte Paul VI. (1963-1978), dass der Papst das größte Hindernis auf dem Weg zum Ökumenismus ist.

DER KATHOLISCHE
UND DER EVANGELISCHE LUTHER

Hans-Martin Barth

War Luther bei seinem Besuch der „ewigen Stadt" noch "katholisch" oder schon, mindestens in Ansätzen, „evangelisch"? Als Konfessionsbezeichnung wird „katholisch" erst nach dem Tridentinum, dem Konzil von Trient, üblich; „evangelisch" war zwar von Luther als Selbstbezeichnung der von der Reformation erfassten Gemeinden vorgeschlagen worden, konnte sich aber erst im Zusammenhang der Unionsbestrebungen des beginnenden 19. Jahrhunderts durchsetzen.

Zum Verständnis des Reformators können die Bezeichnungen „katholisch" und „evangelisch", wie sie im deutschen Sprachraum heute verwendet werden, also wenig beitragen. Aber man kann natürlich danach fragen, wann es bei Luther zur Loslösung von der spätmittelalterlichen „katholischen" Kirche kam, wie er in der heutigen „katholischen" und „evangelischen" Welt gesehen wird und welche Bedeutung dieser Doppelperspektive in der Zukunft zukommen wird.

Wann Luther der Durchbruch zu seiner Sicht des Evangeliums gelang, war lange Zeit heiß umstritten. Sicher ist, dass er bei seiner Reise nach Rom noch tief in der spätmittelalterlichen Reliquienfrömmigkeit befangen war. Dass ihn etwa an der Scala Santa ein heiliger Zorn erfasst haben soll, ist nichts als Legende. Wann aber hat das sogenannte Turmerlebnis stattgefunden, von dem er am Ende seines Lebens mit bewegten Worten zu erzählen wusste? Gibt es bei ihm Anzeichen für eine beginnende Entwicklung reformatorischen Denkens schon in den Jahren seiner ersten Psalmenvorlesung, also ab 1513, oder ist der Durchbruch letztlich doch erst nach der Thesenpublikation erfolgt, wie auch immer diese ausgesehen haben mag?

Ernst Bizer und Oswald Bayer haben sich vehement für die Spätdatierung ausgesprochen. Heute geht man eher davon aus, dass sich Luthers reformatorische Sicht vermutlich allmählich im Lauf von mehreren Jahren entwickelt und verfestigt hat. Einen neuen Akzent brachte Volker Leppin in die Debatte, für den es einen entscheidenden Schritt darstellt, dass Luther seinen Namen ab 1517 nicht mehr mit „Luder" wiedergibt, sondern sich „Luther" nennt – im Anklang an das graecisierte „Eleutherius" („der Freie") – wie wir es heute kennen.

Luther selbst hielt sich zeitlebens für „katholisch" im Sinn der altkirchlichen Bekenntnisse, wobei für ihn „christlich" und „katholisch" dasselbe war. Er sprach seinen Gegnern geradezu ab, „katholisch" zu sein – angesichts von Ablässen, Wallfahrten und der vielen Neuerungen im Verständnis von Beichte, Abendmahl und geistlichem Amt. Seine Loslösung von der spätmittelalterlichen „katholischen" Kirche stellt eine Emanzipationsbewegung dar, einen Befreiungsschlag. Evangelisch sein heißt, sich emanzipieren von Denk- und Verhaltenstraditionen, die man als falsch erkannt hat und mit seinem Gewissen nicht vereinbaren kann.

Wie wird dies aus der Sicht heutiger katholischer und evangelischer Lutherforschung interpretiert und gewichtet? Die katholische Polemik des 16. Jahrhunderts hat an Luther „Nichtkatholisches", ja Nichtchristliches herauszuarbeiten versucht. Derartige Stimmen sind noch immer nicht gänzlich verstummt. Die internationale, ursprünglich italienische Zeitschrift „30 Giorni" spielt dabei eine durchaus unrühmliche Rolle. Noch 1978 hat ein Autor – im Nachgang zu Johannes Cochläus – versucht, dem jugendlichen Luther einen Mord zu unterstellen. Auch die Art, wie Joseph Ratzinger, jetzt Papst Benedikt XVI. mit Luther umgeht, und zwar unausgesprochen bis in seine Regensburger Vorlesung hinein, lässt nichts Gutes ahnen.

Dabei waren nach dem II. Vatikanischen Konzil ganz andere Stimmen zu hören. Otto Hermann Pesch hatte sein großes Lutherbuch „Hinführung zu Luther" vorgelegt. Peter Manns bezeichnete Luther gar als ‚Vater im Glauben' für die eine Christenheit'. Man konzedierte dem Reformator, er sei eine „tief religiöse Persönlichkeit" gewesen, und Papst Johannes Paul II. sprach von Luther als einem Menschen, „der von der brennenden Leidenschaft für die Frage nach dem ewigen Heil getrieben war".

Evangelische Lutherforschung versucht inzwischen nicht das „Katholische", aber doch das spätmittelalterliche Erbe in Luthers Theologie deutlicher zu erfassen und zu würdigen. Dabei gerät Johann von Staupitz als der Freund und Beichtvater Luthers ins Blickfeld. Hat nicht er dem mit sich ringenden Mönch die Botschaft von Gottes Gnade vermittelt, so dass Luther später sagen konnte, Staupitz habe „die Lehre" von der Rechtfertigung aus Gnade „angefangen"? Muss nicht das mystische Erbe spätmittelalterlicher Frömmigkeit als Nährboden und Wurzelgrund der Theologie Luthers stärker als bisher wahrgenommen werden? Luthers Theologie ist durch und durch seelsorglich gestimmt; sie wird verkannt, wenn man sie als Auslöser unerquicklicher theologischer Streitigkeiten mit katastrophalen Folgen versteht. Evangelisch sein, heißt nicht: recht haben wollen, sondern: die Quellen kennen und vermitteln, die dem Menschen helfen, sein Leben und Sterben zu bestehen.

Inzwischen ist es um die katholische Lutherforschung still geworden. Angesichts der Entschlossenheit protestantischer Kreise, das Reformationsjubiläum 2017 intensiv vorzubereiten und zu begehen, scheint sich auf katholischer Seite eher eine gewisse Ratlosigkeit einzustellen. Allenfalls eine Art Heimholungsbedürfnis macht sich bemerkbar, wie es sich in manchen ökumenischen Dokumenten abzeichnet. Die Impulse aus der „Gemeinsamen Erklärung zur Rechtfertigungslehre" sind verpufft. Den lutherischen „kirchlichen Gemeinschaften" soll immerhin eine „gestufte Teilhabe" an der wahren Kirche und – so das Studiendokument „Die Apostolizität der Kirche" – ein gewisses Maß an Apostolizität zuerkannt werden.

Es fragt sich sehr, ob die Zukunft Luthers und seiner Botschaft im Spannungsfeld von „katholisch" und „evangelisch" zu suchen sein wird. Konfessionelle Kontroversen werden wohl bleiben, aber im Grunde sind sie ausgereizt und für die säkulare Gesellschaft uninteressant, ja abstoßend geworden. Längst ist Rom nicht mehr die Mitte der Welt, ganz zu schweigen von Genf oder Wittenberg. Die Austragungsorte der Reformationsgeschichte beginnen zu verblassen neben Washington und Moskau, Kairo und Peking. Es mag immer noch schön und für Protestanten erhebend sein, sich unter den Gewölben von S. Maria del Popolo oder in S. Agostino an Luther zu erinnern, aber es tut nichts zur Sache. Luther hat seinen Platz in der Kirchengeschichte gefunden. Heute aber ist sein spiritueller Beitrag im Gesamt der Religions-, Geistes- und Sozialgeschichte der Menschheit zu verorten.

Konfessionelle Unterschiede treten angesichts der zunehmenden Globalisierung zurück. Was kann Luther für einen buddhistisch geprägten Japaner, für konfuzianistisch gestimmte

Chinesen oder für eine indonesische Muslima bedeuten? Sollte er nicht auch Agnostikern und Atheisten in Europa etwas zu sagen haben? Gilt nicht für jeden Menschen, dass Emanzipation hilfreich sein kann, und dass es gut ist, die Quellen für ein gelingendes Leben und für ein förderliches Zusammenleben zu suchen und zu nutzen? Der alte Spruch „Roma locuta – causa finita" ist unter heutigen Bedingungen ganz neu und anders zu verstehen: Rom hat ausgeredet – diese Sache ist beendet und vorbei. Ebenso ist Luthers Wahlspruch aus dem 118. Psalm neu zu hören „… nicht sterben, sondern leben und des Herrn Werke verkündigen": als umfassende Heilsansage in der Vielstimmigkeit der Christenheit, in Dialog und differenziertem Konsens mit der gesamten Menschheit. Das wäre dann wohl im besten Sinn zugleich „evangelisch" und „katholisch": gute Botschaft für die ganze Welt.

REISEZEITEN UND REISEWEGE

Hans Jochen Genthe

Reisezeit und Reisewege sind auf mancherlei Weise miteinander verknüpft. Wenn die weit verbreitete Annahme zutrifft,
dass er 1510 abgereist ist, dann ist er von Erfurt aus gereist,
denn ein Jahr später war er bereits in Wittenberg.

Dreimal sagt Martin Luther selbst, dass er 1510 nach Rom
gereist ist. Drei seiner Schüler haben Luthers Aussagen bei den
Tischreden protokolliert, er sei 1510 nach Rom gereist. Melanchthon hingegen sagt, Luther sei 1511 nach Rom gegangen,
und Cochläus hat das übernommen. Allerdings sind Melanchthons Angaben über Luthers Wirken in der Zeit, ehe Melanchthon selbst nach Wittenberg kam (1518), mit Vorsicht zu
genießen. Man wird also an 1510 festhalten müssen.

Da Martin Luther 1510 in Erfurt war, kann ihn nur der Erfurter Konvent nach Rom geschickt haben. Die Erfurter gehörten zu den sieben Konventen, die sich der Vereinigung, der
Agglomeration mit den Klöstern der Konventualen widersetz-
ten. Luther und sein Begleiter erhielten den Auftrag, beim Papst
gegen diese Agglomeration appellieren. Um bis zum Papst vorzudringen brauchten sie allerdings die Erlaubnis des Generaloberen der Augustiner-Eremiten, der ebenfalls in Rom seinen
Sitz hatte. Die Erlaubnis wurde ihnen verweigert. Der Generalobere hat in sein Tagebuch eingetragen: „1511 Jan. ex legi-
bus (ein juristischer Fachausdruck) zu appellieren, werden die
Deutschen gehindert. Damit die deutschen Angelegenheiten
zu Liebe und vollständigem Gehorsam zurückgeführt werden,
wurde der deutsche Bruder Johannes zum Vikar (Generalvikar
von Staupitz) gesandt."

Dass es sich bei den Deutschen, die beim General vorstellig
geworden sind, um eine Gesandtschaft in Sachen der Agglomeration gehandelt hat, bestätigt ein Protestschreiben des
Nürnberger Rates an den General vom 2. April 1511. So ging
im Frühjahr 1511 eine zweite Gesandtschaft, diesmal unter-
stützt vom Nürnberger Rat, nach Rom. Das konnte aber nicht
diejenige sein, an der Luther beteiligt war. Denn Luther bemerkt einmal, auf der Italienreise hätten er und sein Ordensbruder gegen einen Grippeinfekt auf Rat ihres Wirtes Granat-

äpfel gegessen. Die aber gibt es in Italien nur im Herbst, und bis zum nächsten Frühjahr kann man sie nicht aufbewahren. Auch das spricht für 1510 bis 1511 als Reisezeit.

Wäre er 1511 bis 1512 in Italien gewesen, dann hätte ihn nur der Wittenberger Konvent entsenden können, denn zu der Zeit war Luther bereits in Wittenberg. Aber die Wittenberger gehörten nicht zu denjenigen Klöstern, welche gegen die Agglomeration waren. Zudem war ihr Generalvikar von Staupitz Professor an der mit dem Kloster verbundenen Wittenberger Universität. Von hier konnte kein Protest ausgehen, sondern nur Zustimmung. Dazu aber würde man kaum eine Delegation nach Rom schicken, zumal Staupitz selbst erst am 1. Mai 1510 in Rom gewesen war und der General ohnehin die Agglomeration durchsetzen wollte. Danach wurde von Staupitz in Personalunion Vikar der deutschen Augustiner-Eremiten (unter Einschluss der Konventualen) und Vikar der observanten Augustiner-Eremiten der Provinz Saxonia. Dass sich ihr Generalvikar auf diese Personalunion und damit faktisch auf die Agglomeration eingelassen hatte, löste den Protest der sieben observanten Konvente aus, die nichts mit den konventualen Konventen zu tun haben wollten, und führte zu der Entsendung Luthers und des für uns namenlos gebliebenen Bruders.

Die Reiseroute ergibt sich aus verschiedenartigen Äußerungen Luthers, die darauf schließen lassen, dass er die Orte und die Gegenden selbst gesehen hat. Über die Schweiz und über Tirol und Innsbruck hat er mehrfach gesprochen. Wenn er die Schweiz auf der Hinreise kennen gelernt hat, dann ist er dem Nürnberger Botenweg gefolgt, der Handelsstraße nach Mailand. So bleibt für den Rückweg nur Tirol.

Möglich wäre auch eine Rückreise über Frankreich gewesen, doch es gibt bei Luther keinen Hinweis darauf dass er eine französische Stadt oder Landschaft gesehen hat. Wegen der kriegerischen Verwicklungen in Italien war die Rückreise nicht ungefährlich, aber um den Weg über Frankreich zu nehmen, hätten die beiden durch das zwischen Papst und Franzosen umkämpfte Piemont und Savoyen reisen müssen, in das außerdem noch die Walliser vorzudringen versuchten. So bleibt mit größter Wahrscheinlichkeit für die Abreise 1510 ab Erfurt durch die Schweiz und für den Rückweg das Jahr 1511 über Tirol.

100

EVANGELISCH UNTERWEGS SEIN

Alexander Gemeinhardt

Der *Peregrinus* ist „dann mal weg" – er ist im Lateinischen „der in der Fremde ist". Wenn also das meistverkaufte deutschsprachige Sachbuch der Nachkriegszeit vom Pilgern handelt, sollte das den Kirchen doch prinzipiell gefallen. Dennoch provoziert der Reisebericht „Ich bin dann mal weg. Meine Reise auf dem Jakobsweg" (2006) des Entertainers Hape Kerkeling durchaus unterschiedliche Reaktionen. Es ist keine der üblichen kirchlichen Kontemplationsempfehlungen. Statt biblischer Worte beschließen Binsenweisheiten als „Erkenntnis des Tages" die Kapitel: „Erst mal herausfinden, wer ich selbst bin." Dennoch: Unzählige Predigten beschäftigten sich mit diesem Buch, Fortbildungen und Pastoralkollegs entdecken den Jakobsweg als kontemplative Route neu. Dutzende Pilgerwege erschließen Deutschland und etliche Nachbarländer. Jahrtausendealte Wege wie der schwedisch-norwegische „Pilgrimsleden" sind ebenso zu erlaufen wie der 2008 eröffnete „Weg des Buches" durch Österreich. Hinter den letztgenannten Projekten steht nicht nur eine professionelle touristische Aufarbeitung, sondern das Engagement, Pilgerwege zu erschließen für denkende und betende Protestanten. Der Pilgrimsleden führt auf den Spuren des Heiligen Olaf durch die skandinavische Einsamkeit zu sich selbst und in die Weite. Der „Weg des Buches" erschließt die Wege der Bücherschmuggler zur Zeit des Geheimprotestantismus für Wandernde heutiger Tage. Wo liegt also die Signifikanz zwischen evangelischem Unterwegs-Sein und spirituellem Tourismus des beginnenden 21. Jahrhunderts?

Die Pilgerbewegung, die im evangelischen deutschsprachigen Raum in den letzten Jahrzehnten und besonders in den letzten Jahren unverkennbar an Dynamik gewonnen hat, fußt auf mehreren Säulen. Neben dem spirituellen Anspruch ist eine bewusste Lebensstilorientierung offensichtlich. Sinn ist schick. So spielen in den modernen Konzepten Schlagworte wie bewusste Ernährung, Entschleunigung und Stil eine Rolle. Die Kargheit des pilgernden Lebens paart sich mit Entschlackung und Gewichtsoptimierung von Körper und Gepäck. Meditationsangebote und Outdoorequipment, Einkehr und Ausrüstung entwickeln sich parallel weiter. Es gilt, stilsicher und spirituell effizient zu pilgern. Die reformatorische Kritik entzündete sich einst am religiösen Leistungsdruck des Pilgerns. Ein Unterwegs-Sein, das nicht auf Heilserwerb zielt, war seinerzeit unvorstellbar. Mobilität hatte konkrete und substantielle Gründe – solche, die dem Broterwerb oder dem Lebenserhalt dienten oder eben dem Seelenheil. Erst das ausgehende 20. und beginnende 21. Jahrhundert hat sich die Freiheit genommen, Zeit frei zu füllen. Und der Trend, freiwillig technischen Hilfen zu entsagen, setzt sich erst in den jüngsten Jahrzehnten und in abgegrenzten, eher bildungsbürgerlichen oder hedonistischen Milieus durch. Entschleunigung, Naturerleben, Sehnsucht nach dem Heiligen sind Reflexe auf den postmodernen hektischen Lebenstakt. Bewusstes Bewegen mit Sinn und Verstand entspricht dabei prinzipiell der Buße, der *metanoia*, die Martin Luther in der ersten seiner 95 Thesen fordert – der Umkehr des Herzens. Ob das moderne Pilgern den Leistungsdruck tatsächlich überwunden hat, wenn der Jahresurlaub pilgernd geplant oder die Fortbildung auf dem Jakobsweg gebucht ist, bleibt vorsichtig zu hinterfragen.

„Alle Menschen sind gleich – sie lieben Individualität." So werben Reiseveranstalter mit maßgeschneiderten touristischen Konzepten auch auf dem religiös-affinen Markt. Und der Markt des individualisierten Massentourismus wächst. Allein der Jakobsweg expandiert seit dem Heiligen Jahr 1976 stetig (heilige Jahre sind hier stets jene, in denen der Jakobstag, der 25. Juli, auf einen Sonntag fällt). 1983 erhielten noch 150 Pilger in der Kathedrale von Santiago de Compostela eine Pilgerurkunde, heutzutage sind es jährlich ca. 100.000. Aber die Erfahrung mit sich und mit Gott ist weder plan- noch buchbar. Auch ein Grund, weshalb der schnodderige Erfahrungsbericht des Hape Kerkeling Leser fesselt; hier folgt man den Spuren eines erstaunlich normalen Menschen. Und merkt, dass dieser ganz eigene Weg nicht einfach repliziert werden kann. Pilgernd unterwegs sein ist zutiefst persönlich, geradezu intim. „Die längste Reise ist die Reise nach innen", meinte Dag Hammarskjöld.

Kirche ist dabei nicht der Reiseunternehmer der Seele. Sie kann allerdings helfen, Strukturen bereit zu stellen, die den postmodernen Menschen auf seinem Weg begleiten. Kirchen, die, wie der EKD-Tourismus-Experte Thorsten Latzel schreibt, „am und im Wege stehen". In Nordeuropa sind diese Wegkirchen bereits seit Jahrzehnten zu besuchen, die in Finnland oder Schweden in einem gut organisierten Netz Reisenden Orte der Einkehr bieten. In Deutschland hat sich dieser Dienst am Reisenden in den letzten Jahren stark intensiviert. Wo Menschen evangelisch unterwegs sind, an Urlaubsorten, Tourismuszielen, an Pilgerwegen und Lutherstätten, ist dies auch eine Frage an die Bildung von „Gemeinde auf Zeit".

Augenfällig wird das evangelische Engagement bei Großprojekten wie dem Elisabethpfad, der anlässlich des Jubiläumsjahres 2007 ausgebaut wurde, dem Pilgerweg Loccum-Volkenroda der Evangelisch-Lutherischen Landeskirche Hannovers oder dem Luther-Weg Sachsen-Anhalt von 2008. Diese Wege sind erschlossene Angebote für protestantisches Pilgern und werden genutzt. Sie sind aber nur ein Teil der Bewußtseinsbildung eines evangelischen Unterwegs-Seins.

„Evangelisch unterwegs sein" heißt nach dem Wortstamm eben auch, evangeliumsgemäß unterwegs zu sein. Was das bedeutet, haben Christen von der Apostelgeschichte bis in die jüngste Kirchengeschichte immer wieder neu versucht und gelebt. Es weist aber in jedem Fall darauf hin, nicht ohne Jesus Christus unterwegs zu sein. Für Protestanten auf dem Wege bietet es eine Gelegenheit, sich die Spuren der Mütter und Väter im Glauben zu vergegenwärtigen. Biblische Überlieferung und Kirchengeschichte lebt von „Flucht und Segen", vom Ausgang und Eingang. Menschen und Kulturen migrieren, diffundieren und assimilieren sich. Christen sind von Anfang an in Bewegung und auf dem Weg. Aufbruch ist ein wiederkehrendes Motiv nicht nur der Bibel, sondern auch der christlichen Tradition, nicht zuletzt des tradierten Protestantismus. „Bis hierher hat mich Gott gebracht durch seine große Güte, bis hierher hat er Tag und Nacht bewahrt Herz und Gemüte", dichtete Ämilie Juliane von Schwarzburg-Rudolstadt 1699. Wer evangelisch unterwegs ist, strebt nicht nur einem Wallfahrtsort aus Stein zu. Er ist nicht nur im Raum unterwegs, sondern auch in einer Zeit. Einer Zeit, die glaubend erlebt wird. Im Vertrauen auf den Herrn von Zeit und Raum. So dichtet Klaus Peter Hertzsch rund dreihundert Jahre später: „Vertraut den neuen Wegen und wandert in die Zeit!"

„Freunde, man muss die eigenen Grenzen auch mal überschreiten!" Mit 25 Weisheiten des Hape Kerkeling schmückt sich das „Ich bin dann mal weg - Reisetagebuch". Es bleiben viele linierte Seiten mit abgerundeten Ecken. Die Herausforderung bleibt, diese Seiten zu füllen. So wie der Psalmist ausruft „Du stellst meine Füße auf weiten Raum", so begibt sich der Pilgernde in einen weiten Raum, den er sich erst mit Gottes Hilfe erschließt. Das ist kein werkgerechtes Wandern, sondern fidele evangelische Freiheit. Evangelisch unterwegs sein heißt damit letztlich „Ich bin dann mal da" – bei Gott und bei mir.

WEGE IM LUTHERLAND
SACHSEN-ANHALT

Lothar Tautz

„Es ist besser, mit eigenen Augen zu sehen, als mit fremden." Dieses Motto aus den Tischreden Martin Luthers (1539) hat sich der Meister selbst ein Leben lang zu Herzen genommen und ist so viel gereist, wie kaum ein Zweiter seiner Zeitgenossen. Daher versteht es sich eigentlich von selbst, dass die mittelalterlichen „Wege im Lutherland Sachsen-Anhalt" allesamt von Luther auch beschritten worden sind.

Was lag da näher, als – in Anlehnung an die zahlreichen populären Pilgerwege – einen „Lutherweg" zu kreieren, zu kartieren und zu markieren, um so potentiellen protestantischen Wanderern eine Alternative zum katholischen Heilspfad anzubieten. So geschehen im Jahr 2008 mit der offiziellen Einrichtung des „Lutherweges" als Rundwanderweg zwischen den Lutherstädten Wittenberg und Eisleben (www.lutherweg.de).

410 Kilometer ist der Lutherweg lang, im Norden über die urprotestantischen anhaltischen Ländereien führend (UNESCO-Welterbe Wörlitzer Gartenreich!) und im Süden über Bitterfeld und Halle an der Saale, den Weg Luthers Leichenzuges nachzeichnend. Damit die historisch und religiös interessierten Wanderer aber nicht nur die wunderschöne mitteldeutsche Hügel- und Flusslandschaft mit Weinbergen und Auenwäldern besichtigen, sind über die Wegführung hinaus noch immerhin 40 „Lutherwegstationen" benannt worden, in denen wichtige Ereignisse und Produkte der Reformationsgeschichte nachvollzogen und betrachtet werden können.

Das sind nicht nur Kirchen und Kunstgegenstände, sondern ebenso weltliche Gebäude und Gebrauchsgüter, die seit Luthers Zeiten für die Entwicklung des Protestantismus bedeutsam geblieben sind. Dazu gehören zuallererst die Luthergedenkstätten selbst (UNESCO-Welterbe!), sakrale Gebäude und Pfarrhäuser, in denen seit 1517 das protestantische Gedankengut Lebensformen gefunden hat wie die Wittenberger Stadtkirche, die Cranach-Stiftung und nicht zuletzt die Franckeschen Stiftungen in Halle als besonderer Ausdruck des Bildungsengagements der Evangelischen seit Luther und Melanchthon.

Aber auch schlichte Feldsteinkirchen wie die Autobahnkirche Brehna oder die „Kalte Stelle" auf dem Wegstück zwischen Wettin und Mansfeld als „Unort", an dem sich der Reformator 1546 zu Tode erkältete, erwarten die Wanderer mit ihrem protestantischen Erinnerungsgut. Das bedeutet nicht, dass die Wegbereiter, nämlich die „Lutherweggesellschaft e.V.", nicht ökumenisch gesinnt wäre. Der Lutherweg ist im Dialog mit der römisch-katholischen Kirche konzipiert worden, führt ein gutes Stück im Mansfeldischen parallel zum „Jakobsweg" und soll mit dem Kloster Helfta eine weitere Station als „Besinnungsort" bekommen, der immerhin ein nach Jahrhunderten der Schließung und Zweckentfremdung (1542-1999) wieder eröffnetes katholisches Kloster beherbergt.

Alles in allem lohnt sich der „Lutherweg" als (Rad)Wanderweg für am Heil-Sein von Leib und Seele interessierten Menschen, ganz egal welcher Konfession oder wie areligiös sie sind. Und weil der Lutherweg in Sachsen-Anhalt inzwischen sehr gut angenommen wird, gibt es bereits eine Erweiterung ins Thüringische hinein von Mansfeld über Stollberg im Harz nach Nordhausen. Und auch die Sachsen planen den Ausbau eines entsprechenden Wanderweges von Torgau bis nach Zwickau hin, wo Thomas Müntzers Popularität ihren Anfang nahm.

SACHREGISTER

ORTSREGISTER

110

NAMENSREGISTER

112

ANSCHRIFTEN DER AUTOREN

Professor em. Dr. theol. Hans-Martin Barth
Auf dem Schaumrück 31, 35041 Marburg

Pfarrer Martin Bräuer D.D.
Wilhelmstr. 50, 64625 Bensheim

Pfarrer Dr. theol. Walter Fleischmann-Bisten M.A.
Kirchweg 5, 64625 Bensheim

Dipl.-Religionspädagoge Alexander F. Gemeinhardt M.A.
Ernst-Ludwig-Str. 7, 64625 Bensheim

Pfarrer em. Dr. theol. Hans Jochen Genthe
Pontanistr. 3, 37269 Eschwege

Pfarrer Hans-Albert Genthe,
Eschenplatz 3, 65760 Eschborn

Pfarrer Dr. theol. Paul Metzger
Weinstr. 35, 67278 Bockenheim

Studiendirektor Dr. theol. Gerhard Simon
Otto-Hahn-Str. 22 A, 88131 Lindau i.B.

Dipl.-Pädagoge und Theologe Lothar Tautz
Kantorstr. 4, 06577 Heldrungen

MD

Protestantismus
Katholizismus
Orthodoxie
Ökumene

MATERIALDIENST
des Konfessionskundlichen Instituts Bensheim

erscheint im Jahrgang

62 / 2011

LEITARTIKEL
Profil und Position

HAUPTAUFSATZ
Grundsätzliches klären

BERICHTE – ANALYSEN
aus den Konfessionen

SERIEN
zu elementaren Themen

DOKUMENTATION
wichtiger Texte

INFORMATIONEN
zu aktuellen Ereignissen

REZENSIONEN
von Neuerscheinungen

Materialdienst des Konfessionskundlichen Instituts Bensheim [MdKI]

Herausgegeben vom Konfessionskundlichen Institut des Evangelischen Bundes
Kollegium: Martin Bräuer, Walter Fleischmann-Bisten, Alexander F. Gemeinhardt (Redaktion),
Paul Metzger und Reinhard Thöle

Der MD erscheint sechsmal im Jahr | Einzelheft 5,– Euro, Jahrgang [120 Seiten] 27,– Euro [für Studierende
17,– Euro] inkl. Versandkosten | ISSN 0934-8522 | Telefon 06251.8433-0, info@ki-eb.de | **www.mdki.de**